全然、知らずにお参りしてた

神社の謎

合田道人

祥伝社黄金文庫

はじめに　パワースポットに行くのなら、やらなきゃならないことがある！

ここ数年、パワースポットとよばれる場所に日本人がよく集う。特に日本古来の神社は人気があるそうだ。神木だったり湧《わ》き水だったり、〝恋が実るなんとか〟だったり、〝宝くじがよく当たるなんとか〟だったりが、メディアなどにもよく取り上げられる。

それにしても、どうしてこうまでパワースポットが注目されているのだろうか？　それは、今の世の中への不安や不満がそうさせているのかもしれないが、きっと2013年が御遷宮《ごせんぐう》の年だからというのも大きいのではないかと思う。それも、伊勢《いせ》と出雲《いずも》の遷宮が60年ぶりに重なっているのだ。

富士山が世界文化遺産に登録されたことも一因だろう。発表された世界遺産としての正式名称を憶えているだろうか？　「富士山――信仰の対象と藝術《げいじゅつ》の源泉」。そうである、富士は昔から信仰の対象だった。富士山自体がご神体であり、山に向かって手を合わせる人は今もって多い。日本一の山への憧《あこが》れが神の住まう場所と解されてきたのだろう。そんな遷宮や世界遺産登録が相まって神のパワーが強まったからこそ、パワスポに出かけようと思う人たちが多くなったとも考えられる。

にもかかわらず、ある神社の神職《しんしょく》に聞いたところ……。

「パワースポットとよばれる所にやってくるのはいいんですよ。そこに走って行って祈っているのは分かるんですが、鳥居もちゃんとくぐらず本殿にお参りもせずに、パワスポに行って手を合わせるだけで、携帯で写真撮ったり、キャーキャーワーワーやって、そのまま帰っちゃうんですよ」

ごめんなさい！　それでは神様、願い事など聞いてくれるはずがないですよ！　それは物の道理というものでしょう。パワーや氣をいただきに行こうとするなら、最低限のことを覚えていてほしいのだ。そのほうが、いいに決まってるじゃないか！

パワースポットもそうだろうが、初詣《はつもうで》なんかでもそうだ。私の事務所は、日本一初詣に訪れる人の数が多い明治神宮から歩いて10分ほどの所にあり、その近くに自宅も構えている。ここに住んでかれこれ20年以上経つのだが、実は元旦に明治神宮を詣でたことは、ただの一度もない。それは、「わざわざ詣でなくても、いつも眼前で守っていただいているから……」ということだけではない。元旦やお正月は、「いつも神社など詣でたことがない人たちでごった返しているから……」という理由もあるのだ。

日本人はお正月に神社に行くこと自体が、特別なイベントだと思っている節がある気が

初詣客で混雑する明治神宮

する。しかし、昔の日本人にとって、神社参拝はごくごく日常的だった。毎日詣でるものだったのである。いつも詣でているからこそ、新年最初の神社詣でをわざわざ〝初詣〟と区別するようになったのだ。

年に一回、イベントのようにやってくる人たちにとっては、確かにその年の〝初詣〟ではあるが、その年最後の詣でになっては、あんまり意味がなかろう。

いやいや、普通はこれでいいのかもしれない。いいのである。キリスト教のような一神教とは根本的に違う感覚で、日本人は昔から神と一体化してきたのだ。

だからこそ〝八百万の神〟という言葉が

ある。

えっ？　八百万《はっぴゃくまん》も神様はいるの？

違う違う。〝はっぴゃくまん〟ではない。〝やおよろず〟と、読むのだ。これは、「数え切れないぐらいにたくさんの」という意味なのである。へ〜、そうなんだ！

〝苦しいときの神頼み〟っていう諺《ことわざ》があるではないか。これは「苦しいときは神様に助けを求めよう！」という意味ではない。苦しいときだけ、お願い事があるときだけ神社に参るのは、基本的にはいけないということだ。いつも感謝の心を持ち続けていなければ、パワーもいただけないということ。ならば、少しはいろんなことを知ってからお参りするほうがいいだろう。

だって日本一、初詣の人数が多い明治神宮はどんな神様を祀《まつ》っているか、知っているだろうか？

神社をお参りするときに手を洗うのは知っていても、どっちの手から洗えばいいのか、口に含んだ水をほんとうはどうしなきゃならないのかは知っている？

それにおみくじやお守りのこともあるし、お賽銭《さいせん》を入れるならどんなお金がいいのか、っていう問題もあるのだ。こんなふうに考えてみると、私たちは、全然大事なことを知らずに神社にお参りしていたことに気づくだろう。

ベスト・セラーに育てていただいた私の『案外、知らずに歌ってた　童謡の謎』（小社刊）。実は私の神社巡りのきっかけも、『童謡の謎』にあったように思う。童謡の研究や取材でよく神社に出くわしたのだ。

たとえば「赤い靴」の女の子は病気になってしまい、実際は、♪横浜の埠頭《はとば》から船に……乗る前にわずか9歳で息を引き取っていた。亡くなった東京の孤児院の跡には現在、十番稲荷《じゅうばんいなり》神社が建てられている。わらべ歌「かごめかごめ」に歌われる、♪かごの中の鳥……の彫刻は千葉県野田市の愛宕《あたご》神社にあるし、「通りゃんせ」の、♪天神さまの細道……を探して、福岡県太宰府《だざいふ》の天満宮にも行った。「ここそが発祥地」といわれる神奈川県小田原の菅原神社にも、埼玉県川越市の三芳野《みよしの》神社にも詣でた。

終戦直後のヒット童謡「みかんの花咲く丘」の歌碑は埼玉県深谷市の智形《ちかた》神社に建っていた。作詞家の加藤省吾《かとうしょうご》が、ちょうどこの歌を作ったときに疎開していたのがこの場所だったのだ。

それから、唱歌「だいこくさま」は、ズバリ！　大国主命《おおくにぬしのみこと》（オオクニ）を歌った歌だ。遷宮で話題の出雲大社の祭神である。♪ゆびにたりない　いっすんぼうし……は、子どもができないおじいさんとおばあさんが大阪・住吉《すみよし》大社に詣でたことで生まれた子だと聞いて訪れた。すると住吉さんの中でそれを裏付ける神社があったり……。今ではあまり歌われなくなったが、明治時代の唱歌である「やひこやま」の碑は新潟県の彌彦《いやひこ》神社に、「妙義山《みょうぎさん》」は群馬県の妙義神社に建っていた。

コンサートや講演に行くときでも、その近くには必ずといっていいほど神社があるものだ。そうやって全国いろいろな神社を回って手を合わせているうちに、そこに今まで全く感じたことがないパワーに気づいたり、〝このようにすればいい〟という〝浮かび〟というものを体験したりするようになっていった。

神社に詣でて、〝宝くじが当たりますように〟〝この仕事が成功しますように〟などとは祈らなくなっていった。元気にこの神社にやって来られたことへの感謝の気持ちが強くなっていったのである。

だからといって私はスピリチュアル・カウンセラーでもなければ、占い師でもない。宗教家でも神道家でもないのだ。確かに新興宗教とよばれる場所には、さすがに足を向けることがないが、神社も詣でればお寺も好き。クリスマスだってお祝いする。いや、たいがい日本人はそうなのではないのだろうか。無宗教だからこそ大らかであり、だからこそパワースポットとよばれる場所にも行ってみたくなるのではないだろうか。

きっと、いろんなことを学びながら、日本という国の姿が今までとは違うように見えてきたり、「パワースポットは、あの神話のふるさとなんだ」と思ったり、「今年中に御遷宮の社《やしろ》を訪ねたいなあ」と思ったりするかもしれない。「全然、知らずにお参りしてた」神社の謎をとく手引書にしてもらえたらうれしいのだ。

知らないことは一緒に勉強！　そんな機会が訪れたのである。ともに謎解きしながらパワースポットの旅に出かけよう。ほんとうのパワーを体中にいただくために……。

合田《ごうだ》　道人《みちと》

２０１３年８月

神社の謎　もくじ

第2章

第3章

第4章

富士山編

第5章

合田道人厳選！ 必ず行くべきほんもののパワスポ神社

編集協力：山下清五　山田守諒
装幀：静野あゆみ（Harilon design）
本文イラスト、図版：J-ART

第1章

神社のパワーを100％受けるための正しい作法

12月3日が1月1日？　神ごとと暦の話

神社の話に入る前に、まずは憶《おぼ》えておいてほしいことがある。神ごとは、旧暦にのっとって行なわれるということだ。つまり、神事でいけば今の1月1日は、実際は1月1日ではないってことだ。ん〜？　どういうこと？

日本は、明治になるまで天保暦《てんぽう》という太陰太陽暦を使用していた。今の暦（太陽暦）とは違うものだ。それまで日本は鎖国、つまり海外と関わる必要がなかったから、日本独自の暦で平気だった。だが、鎖国を解いたあとの明治5（1872）年11月9日、明治天皇はグレゴリオ暦に改暦の勅書《ちょくしょ》を出したのである。何々？

それまで外国との交渉は、ごくわずかな場所以外では行なわれていなかったが、開国したことで世界と同じレベルを求められるようになる。たとえば国際会議や条約の日付が日本だけ違ったら、「えっ！　日本ってウチら先進国が使ってる暦と違うの？　やだ〜、遅れてる〜」などと言われてしまう。ということで、暦を外国のものと一緒にした。そのため布告された翌月の12月は、わずか2日間だけになってしまったのである。つまり旧暦の明治5年12月3日が、突然明治6年1月1日になってしまったのだ。これには当時の人々は相当混乱したことだろう。

ところが、神事は今なお旧暦にのっとって行なわれるのだ。

現在の1月1日の初詣は、もう抵抗はないだろうが、実際2013年の元日は旧暦でいけば2012年11月20日だった。だから今の2月なら昔の1月、昔の10月ならば今は11月と、約1カ月ほどのずれをイメージしなくてはならない。

出雲大社は、10月に八百万の神が一堂に会して、人と人との縁を結ぶ会議、談合を開くとされる。だから10月を神無月《かんなづき》とよび、出雲では反対に神在月《かみありづき》とよぶのだ。この行事も、今なお旧暦にのっとり行なわれている。だから新暦、つまり現在でいう10月にいくら出雲を詣でたとしても、八百万の神など集まってはいないのだぞ！

2013年は、11月3日からが旧暦の10月、神在月なのである。神様が談合するのだから地元民も参拝者も静かに時を過ごすのだ。音楽などをうるさく流したりすることもいけないため、忌《い》み月ともよばれている。だから、神在月に出雲に行って〝キャーキャー、ワーワー〟、ドンチャン騒ぎなどもってのほかだ。そういう人たちに会ったら、〝ああ、出会いの縁は、この人にはなさそうだ！〟と、心の中でつぶやいておけばいい。

17歳が19歳？　「数え年」と「厄年」のこと

こうなったら「数え年」のことも憶えておきたい。

初詣に行って「厄年」の〝何年生まれの人は何歳だから厄年である〟と書かれた表を見て、〝あれ？　私まだ17歳なのに19歳の厄年？〟、〝あらお父さん、58歳なのに前厄だって！〟など、ちょっと不思議な気がした人がいただろう。けれどこれも神事なのだから、旧暦に従わなくてはならない。つまり、満年齢で数えてはいけないのだ。満年齢というのが、現在使われる年齢の数え方だが、数え年とは異なる。

あなたが生まれた日が7月30日だとしよう。現在では、生まれた日は当然0歳で、次の年の7月30日で1歳になる。しかし、数え年では生まれた日、その日から1歳と数えるのだ。さらに新年を迎えると、日本国民すべてが年齢を重ねることになる。だから、7月30日生まれの赤ちゃんは、生後5カ月後の1月1日には2歳になるという計算だ。12月31日生まれであってもそう。誕生2日目で2歳になってしまうのだ。現在でも、大晦日《おおみそか》のことを「年とり」などという言い方をするのは、このなごりである。

そうなれば、お正月も厳密にいえば現在の2月でなければいけない。

豆まきという行事がある。節分だ。節分は季節を分けると書く。つまり翌日が立春、春のおとずれイコール新しい年、お正月とする慣例があるから、2月3日までが前の年だと思ってくれればいい。2月3日が、今でいう大晦日なのである。新しい年がくる前に、家の中や体の中に潜んでいる〝魔〟の〝芽〟を潰《つぶ》してしまおう。だから、〝魔《ま》〟〝芽《め》〟に通じる豆をまくんだ。

2月3日以前に17歳になっている高校2年生の女の子は、2月4日から19歳になって厄年に入るという考え方なのである。だから厄祓《やくばら》いも断然、旧暦に従わねばならない。1月の初詣で「なんと、今年が厄年!!」と知り、「早くお祓《はら》いをしなくちゃ」と、1月中に神社でご祈禱《きとう》していただくのは、本来間違いなのだ。旧暦の新年以降に厄祓いを受けるのが本当なのである。

厄年は一般的に男性が25歳、42歳、61歳、女性は19歳、33歳、37歳、61歳で、特に男の42歳と女の33歳が大厄とされる。

自分を守ってくれる、地元の氏神様をまず探す

その年の健康や商売繁盛を願う初詣や厄祓い、初宮参りなどだけではなく、日本人は七五三だ、成人式だと成長の節目に神社を訪れることが多い。まだまだ神前結婚式を挙げる人も少なくない。

ただ、そういった節目には、別に有名な神社に頼らなくてもいいことを知っているだろうか？　厄祓いにご利益のある有名神社は数多いが、わざわざそこに行かなくても大丈夫なのだ。本来は自分が住む近隣や、勤めている場所の氏神様に詣でるのが正式なのである。

特に初宮参りなどは、新生児を自分の住んでいる場所を守っている氏神様へお披露目するのが目的だ。生後1カ月ほどの子を、氏神様だけでなく、祖先にも顔見せするという意味も含まれているのだ。となれば、3歳になったよ！　5歳になりました、7歳です、という七五三も、20歳の成人の報告も、結婚式だって、氏神の前で披露するのが本来は正解なのである。

自分たちの生活に密着している神様こそが、氏神様なのである。だから、本当はパワースポットの旅をする前に、自分を清めるため、無事を祈るためにも、氏神を探し出さなくてはならない。「そんなことはちゃんとやっている」という人はいいが、自分の家の氏神を知らないという人がこれまた結構いるのだ。

地方であれば、〝代々、あの神社がうちの氏神〟と、おじいさんやおばあさんに聞かされて育った人も多かろうが、都会暮らしや引越ししてきたばかりの家庭、一人暮らしの人たちなどは、氏神の存在も知らぬうちに、その場に住んでいるケースが多いという。その氏神が守ってくれる場所に住んでいる人たちのことを氏子というが、氏子にもかかわらず、親ともいうべき神を祀る神社さえ知らないことになるのだ。まずは氏神を探し、〝この場所に住んでいます〟または〝この場所で幸せになれますように〟とお参りに行くことが肝要だ。

では、どうやって氏神を調べればいいのか？　各都道府県には神社庁があるから、そこに電話して自分の住所を言い、氏神を教えてほしいと聞くのが手っ取り早い。

都道府県神社庁の電話番号

都道府県名	電話番号	都道府県名	電話番号
神社本庁	03-3379-8011	三重	059-226-8042
北海道	011-621-0769	大阪	06-6245-5741
青森	017-781-9461	京都	075-863-6677
秋田	018-892-7932	兵庫	078-341-1145
岩手	019-622-8648	奈良	0744-22-4731
山形	023-622-4509	滋賀	077-524-2753
宮城	022-222-6663	和歌山	073-446-5611
福島	024-925-0457	岡山	086-270-2122
東京	03-3404-6525	広島	082-261-0563
神奈川	045-761-6387	山口	083-922-0506
埼玉	048-643-3542	鳥取	0857-24-7699
群馬	027-326-2274	島根	0853-53-2149
千葉	043-261-3293	徳島	088-663-5102
茨城	029-257-0111	香川	087-831-2775
栃木	028-625-2011	愛媛	089-966-6640
山梨	055-288-0003	高知	088-823-4304
長野	026-232-3355	福岡	092-641-3505
新潟	0256-32-0613	佐賀	0952-23-2616
福井	0776-34-5846	長崎	095-827-5689
石川	076-252-7771	大分	097-532-2784
富山	076-432-7390	熊本	096-322-7474
愛知	052-682-8041	宮崎	0985-25-1775
静岡	054-261-9030	鹿児島	099-223-0061
岐阜	058-273-3525	沖縄	098-868-3697

鳥居は60種類もある！

神社には鳥居がある。鳥居のいわれは『古事記』や『日本書紀』など、神話に端を発する。

何だ！　神話なんて『桃太郎』や『一寸法師』のような御伽噺《おとぎばなし》と一緒じゃないのか⁉と、馬鹿にするなかれ。神話こそが現代まで続く日本の国が作られたいきさつが書かれた大切な書物なのである。その真偽はともかく、そこに書かれていることによって日本を作ってくれた神の存在を知ることができるのだ。御遷宮の伊勢も出雲もみな神話にのっとっている。これから詣でようとするたくさんの神社のルーツは神話にあるのだ。今の世までも、パワーを与えてくれる神社の興《おこ》りなのだから、一概にそれは否定できない。

その記紀（『古事記』と『日本書紀』を合わせてこうよぶ）などによれば、天照大御神《あまてらすおおみかみ》（アマテラス）が弟の素戔嗚命《すさのおのみこと》（スサノオ）の悪事に心を痛め、天岩戸《あまのいわと》に隠れて世の中が暗黒の世界になったとき、八百万の神々たちがアマテラスを岩戸から誘い出そうとした。神々はアマテラスに朝だと勘違いさせ、眠りから覚まそうと岩戸の前でニワトリを鳴かせた。そのニワトリが止まった木、つまり〝鳥が居る〟場所が鳥居とよばれるようになったという。

ここを〝通り〟中へ〝入る〟、つまり〝通《とお》り入《い》る〟が変じたという説もあるし、長野県諏訪《すわ》大社の御柱祭《おんばしらさい》に見る柱を立てる儀礼の柱こそが、鳥居になったという説も捨て難い。

鳥居は材質、構造が多種多様でそれぞれの神社により形態が異なり、全部で60にものぼる。中でも伊勢神宮の鳥居は、上部の横柱（笠木《かさぎ》、島木《しまぎ》という）が一直線になっている神明《しんめい》鳥居とよばれるもので、この鳥居を持つ神社は、朝廷の祭祀に関係するとされる。出雲大社の鳥居は笠木、島木が曲線になった明神《みようじん》鳥居だ。

ほかにも山王《さんのう》鳥居（明神鳥居の上に破風《はふ》という屋根型の木）、鹿島《かしま》鳥居（神明鳥居の貫《ぬき》とよばれる下部の横柱が貫通している）、朱塗りが特徴的な稲荷《いなり》鳥居、大きな鳥居を左右両方から小さな鳥居で支えるかのように3つの鳥居が並ぶ三輪《みわ》鳥居などがある。

奈良県桜井市の大神《おおみわ》神社はその三輪鳥居だが、これはご神体の前に作られており、くぐることができない。大神神社のパワスポ度はあとでしっかり紹介するとして、ここでは三輪鳥居をくぐるおすすめのパワスポ神社、香川県坂出《さかいで》市に建つ白峰宮《しらみねぐう》を早速。

白峰宮は第75代崇徳《すとく》天皇が祀られる神社。崇徳は、久寿《きゆうじゆ》3年（1156年・保元《ほうげん》元年と

鳥居各部の名称といろいろな鳥居

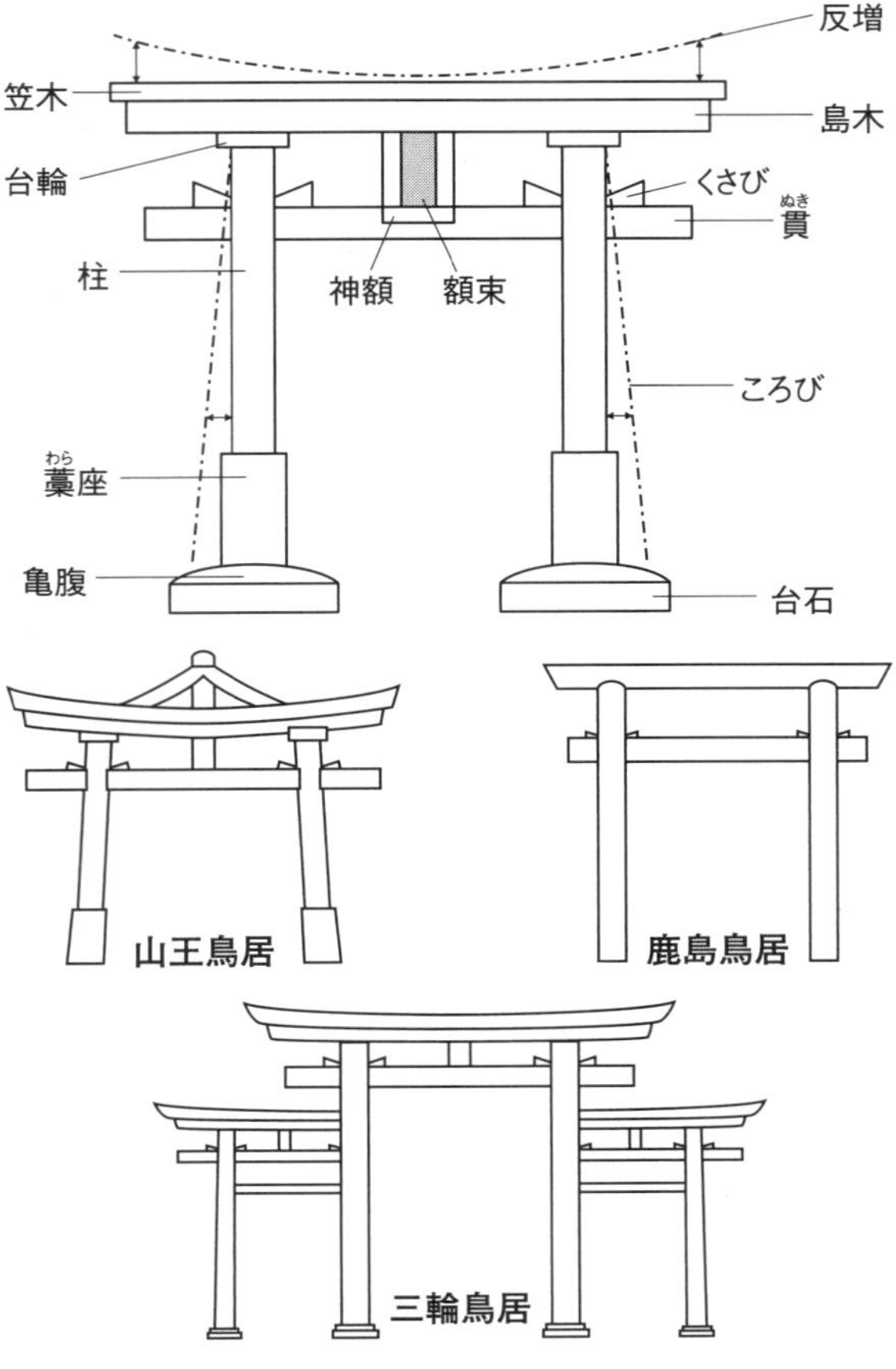

もする）の保元の乱で、後白河天皇《ごしらかわ》によってこの讃岐《さぬき》の地に幽閉された。この社から徒歩圏内には、崇徳が亡くなったあと、京の使者が到着するまで遺体を沈めておいた〝八十蘇《やそ》場《ば》の清水〟という泉がある。死後二十数日経って使者が到着したとき、泉から遺体を引き上げたが全く腐敗していなかったという不思議な霊水の泉だ。この場所の霊氣もただものではない。神仏習合の時代に建ったことを今の世に伝えるかのように、隣には天皇寺高照院という寺があり、ここは四国八十八所巡りの七十九番札所。

わがマネージャーの体験談。白峰宮の三輪鳥居を抜け神殿に参っているとき、「後ろから確実に風とともに神様が通り過ぎた。自分の体を通って神殿に戻ったという感じがしました」と言うのだ。

彼は、霊感が強い人どころか、普段あまりそういうことを言わないタイプなので、妙に信憑性《しんぴょうせい》を感じてしまった。崇徳は幽閉され、祟《たた》り神となり最期を迎えたといわれている。そのパワーは強大なのである。

その神がマネージャーの体を通り抜けたというのか？　その後、彼が祟り神になったような様子は見受けられないが（？）、ここの境内に立っている樹齢500年を超す神木のクスノキが、実にいい氣を発散させていたことを思い出す。崇徳は実際のところは祟り神として亡くなったのではないだろうと感じさせるご神氣なのである。

鳥居がないウサギの神社

鳥居自体が存在しない神社もある。埼玉の浦和に建つ調神社、これで〝つき神社〟と読む。鳥居の代わりにあるのは注連縄。えっ？　これ、何？　なんて読むの？

これはご存知、〝しめなわ〟である。鳥居ではなくて注連縄をくぐって参拝する神社なのだ。

注連縄は鳥居と共通の意味を持つ。聖域と俗界との境界線とでもいうべきなのだが、実はここの注連縄が鳥居になっている理由は、ちょっと現実的なのだ。伊勢神宮に奉納する大きな貢物《みつぎもの》を運び出すのに、邪魔になるからだとされるのである。

どういうことだろうか？　調とは、『租庸調』の調のことなのである。これは律令制時代の税制度だが、税として国の特産物や、高価な絹などで作った繊維製品を納めるのが調。それらを納めた倉庫群がここにあったために調神社となって、その納品の出し入れのため、鳥居が作られなかったのだ。ここも独特な雰囲気を持つ神社である。

調、〝つき〟は月と同じ読みであるということから、十三夜や十五夜、二十三夜など月の満ち欠けによる特定の夜に人々が集い、月に願かけする、いわゆる月待信仰が生まれた。

この神社は、そんな月の明るさが穏やかな氣を醸《かも》し出しているのだ。

最近ちょっとイラつく、どうもやること為《な》すことが裏目に出るといった人は本殿に向かってほしい。現実を見据えて、それらを活発にいい方向へと導いてくれるパワーが溢《あふ》れている。

本殿のあと、その年の大きな干支の絵馬が飾られている能楽堂、さらにその裏にある池へと足を運ぼう。池にはウサギの噴水がある。

実は月の使者とされるウサギがこの神社の守り神なのである。狛犬《こまいぬ》代わりのウサギの彫刻や石像、手を洗う場所の水もウサギの口から出てくる。満月になると小屋の中でも飛び跳ねる習性があるウサギの活発性が、元気な精神状態に戻れる力を与えてくれるのだ。

鳥居をくぐるときの心得

宮崎県の、高千穂とともに神様が降臨したという大きなパワーを発する霧島《きりしま》東《ひがし》神社は、2本の大木と大木を注連縄で結んである。これが鳥居なのだ。ここを通るだけで厳粛な心持ちになってくる。この神社の氣もまた格別なものがある。どの鳥居であっても、そこは聖地の玄関口だ。最近は駐車場などが鳥居の中に設置されている神社もあるが、鳥居をくぐるときの心得は守りたい。

まず忘れてはいけないのが、帽子を絶対にとるということ。また冬場だとコートなども着用しているだろうが、これも本来は脱ぐ必要がある。だが、そこが雪国だったら風邪をひいても困るし、空模様によっては無理は禁物。何しろ身支度を整えてから、鳥居へと向かおう。

まず入る前に一礼、お辞儀をしてから足を踏み入れる。「失礼します。詣でに参りました」という気持ちを込めて、頭を下げてから神社内に入るのだ。この礼のことを一揖《いちゆう》というが、一の鳥居、二の鳥居などある神宮格の大きな神社では、鳥居ごとに一揖してから入る。黙認されている場所もあるようだが、犬などペット連れの参拝は控えるべき。聖域とされる場所を汚すことになりかねない行為は慎むべきなのだ。

鳥居をくぐるというのは悪いもの、穢《けが》れたものをくぐることにより祓っていただく作業である。くぐるとき、神前に向かうときは左足から入ろう。これは左が神、右が人という考え方に基づいている。

鳥居をくぐると参道だが、堂々とこの真ん中を歩く人がいて閉口することが多い。これも慎むべき行為なのだ。道の中央は、神様の通り道とされる〝正中〟とよばれる場所だからである。28ページで紹介した白峰宮でマネージャーの体を神様が通り抜けたというエピソード、これは参道の真ん中を歩いていたからではないか？　彼はそれをしっかりと憶えていないと言うのだが……。

参道は、左右どちらを歩くのが正しいのか。通常は左側を歩く。方向変換したり、参拝した後にUターンして帰るときなどは時計回りをして、元に戻る。当然帰り道も左側通行

２本の大木を注連縄で結んだ、霧島東神社の鳥居

となる。ただし、伊勢神宮の場合は外宮《げくう》と内宮《ないくう》で、歩き方が違うことを憶えておいてほしい。外宮は左側通行でいいのだが、内宮は右側通行なのである。

御手水のマナー

神社を詣でるとき、お参りする前に忘れてはいけないのが、手水舎で手や口を洗い清めることだ。

通常、拝殿の手前には手水舎、手水場がある。〝てみずや〟、〝てみずば〟、〝てみずしゃ〟とも読むが、〝ちょうずや〟または、〝ちょうずば〟が正しく、〝御〟の字をつけることで御手水、〝おちょうず〟と読むのが本来は正しいようだ。

これは聖域を訪れる場合、周辺に流れている川の水や泉、湧き水などで身を清めたことが起源だ。そのなごりが、伊勢神宮内宮の御手洗場《みたらい》で見受けられるが、遡《さかのぼ》ればこれも神話の中の〝禊祓い《みそぎはらい》〟の場面から始まる。

穢れとは元をただせば、氣とされる自分自身のパワーが枯れてしまうことをさす。〝氣《け》枯《が》れ〟だからこそ穢れなのである。悩みや疲れ、嫉妬《しっと》や恨みなどは、すべて氣が枯れるから引き起こされるという。だからその〝氣枯れ〟た氣を元に戻す、〝元の氣〟、つまり元気を取り戻すために禊祓いをし、それらを洗い流すのである。

御手水は大抵、四方吹き放しとなっている手水舎に水盤が据え付けられ、そこに柄杓《ひしゃく》が置かれている。手と口を洗い清め、〝氣枯れ〟を取り戻すのだ。この手と口の清め方がしっかりと分からない人たちが多いので、ここで憶えてしまおう。

まずは柄杓に水を汲《く》むが、最初に汲んだ一杯の水で、すべての作法を執り行ないたい。手水舎の水盤に水がかからないようにするのも大切だ。手を洗い始める前に、両手で柄杓を持ち手前にやや傾けて柄を清めてから始めるのが正しいらしいが、その場合、水のほとんどが最初に流れてしまうため、今は大抵この部分は省かれている。

右手で柄杓に水を汲んで、最初に左手にその水をかけて洗う。指先というより手のひらに水をかける。そのまま柄杓を左手に持ち替え、今度は右手を清める。そして今度はまた右手に持ち替えて、左の手のひらに水を溜めてその水を口に含むのだ。

柄杓に直接口をつける人に出くわすが、これはもってのほか。口に含んだ水をそのまま飲んでしまう人までいる。ここは禊祓いの場なのだから、飲んでしまっては体内に罪穢れが蓄積することになるではないか⁉　だから、その水は音を立てずに口の中をすすいで清めた後、左手で口元を隠しながらそっと下に吐き出すのがルールなのである。うがいではないから、そこも注意したい。まさか、水盤に吐きだしている人なんていないよね？

ただ長野県の戸隠神社《とがくし》などでは、「戸隠山のご神水です。お飲みいただけます」と、わざわざ書かれている。こういう場所では、手をすすぎ口を清めたあとに、柄杓でいただき、飲み終わったあとに柄杓をきれいに洗うといい。

ここは略す場合もあるが、実際は口をつけたので、再び左手を少し洗い流す。そして最後に次に使う人のために、柄杓を両手で持ち、立てて残った水で柄の部分を洗い流すのだ。それから元の位置に静かに戻すのがルールである。

これを一杯分の水で行なうのが基本だ。ただ、途中で水がなくなった場合はどうする？

実は先日、ある知人から、本で「一杯の柄杓の水で洗うのがルール」と読んだため、途中で水がなくなったから、口をすすがなかった……という話を聞いた。これまたナンセンスだ。この場所は禊祓いをする場所なのである。水がなくなってしまった場合は、もう一度、柄杓ですくったとしても、しっかりと手と口は清めなくてはいけないのだ。

御手水の作法

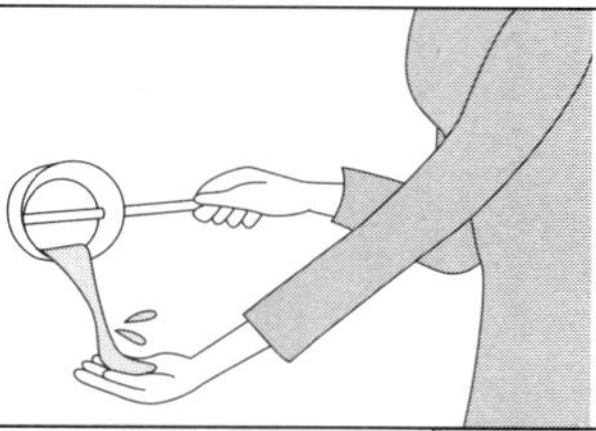

①
右手で柄杓に水を汲み、左手のひらに水をかけ清める

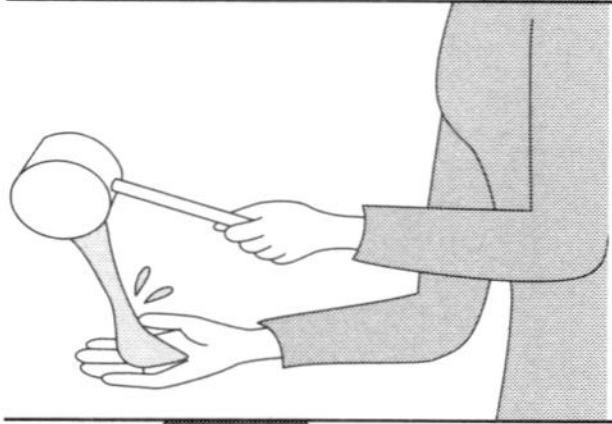

②
柄杓を左手に持ち替え、同様に右手を清める

③
また右手に持ち替えて、左手に少量の水を溜め、口に含む。音を立てずに口の中をすすいで清めた後、左手で口元を隠しながらそっと吐き出す

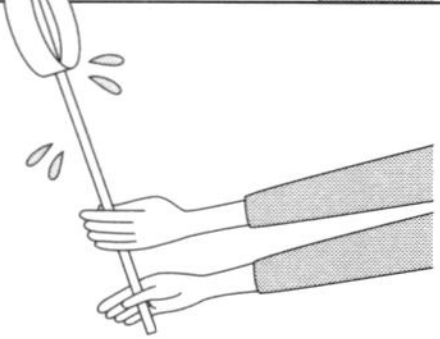

④
左手を少し洗い流し、残った水で柄杓を両手で持ち、立てて柄の部分を洗い流す

さて、濡れた手の水を拭《ふ》き取るのは自分用のタオルかハンカチにしたい。正式参拝などでは神社によっては、わざわざ手拭き紙を渡してくれる場合もあるし、手ぬぐいを用意してある所もあるが、できるだけ自分のハンカチやタオルを使ってぬぐいたい。これもよく遭遇するが、手を振りながらかわかしたり、衣服で拭き取ったりしては、清めた手もまた汚れてしまうから、ご注意あれ！

神を拝するときは、できるだけ日常の生活から脱し神聖な場所であることを心がけ、清潔な行動をとるべきだ。その点から服装にも気を使いたい。お祓いや昇殿して祈禱するときなどは、礼服とまではいかずとも、しっかりとした服装であるべきだ。男性ならスーツ、女性もそれに準ずる服装がいいだろう。たとえ一般参拝であっても、しっかりとした服装であってバチは当たるまい。

普段の自分とは違うということを心がけるのも、しっかりとしたパワーをいただく基本なのである。御手水を終えて拝殿、正殿への参拝となる。

「喪中に神社を詣でては駄目」は迷信!?

さあ参拝の作法。お賽銭をあげて手を打ち、祈りを捧げるといった作法は漠然とは分かっているが、しっかりとした参拝作法を心得ている人は案外、少ないものだ。中にはお寺の仏さんに向かって平気で、〝パンパン〟とやっている人がいたり、葬儀のときにだけ使われる音を出さない〝忍び手〟とよばれる拍手を打っている人がいたりする。

いや、〝拍手〟は〝はくしゅ〟ではない。これで〝かしわで〟と読む。〝かしわで〟なのだから、〝拍〟ではなく〝柏〟と書くのが正しいし、そう表記する場合もあるが、〝かしわで〟を打つ回数を二拍手《にはくしゅ》とか四拍手《よんはくしゅ》などと言い表すことから拍手と書いても〝かしわで〟と読むようになった。

音を出さない〝忍び手〟という拍手、実はこれ、葬儀当日から神道でいう五十日祭（仏教でいう四十九日法要）までしか使わない。そのあとは、しっかり音を立てて拍手は打つものなのである。

葬儀は神式でも行なわれる。ただし中世以降、仏式の葬儀が普及したこと、日本の神は穢《けが》れを嫌うと信じられていたこと、さらに明治のある時期まで神式葬儀が国から禁止されていたことから、葬儀やその後の先祖供養全般を仏教にゆだねるようになった。

お盆という言葉がある。お墓参りをすることもあって、この言葉、仏教用語と信じられているが、実際は仏教の儀式ではなく神道の先祖祀《まつ》りが元となったもの。神道に端を発した単語だったのである。神道の葬儀は神葬祭《しんそうさい》とよび、死者を神として祀り神の世界に送る儀式だ。神葬祭では、神主から玉串《たまぐし》を受けたら御霊前の案《あん》とよばれる台の前まで進み、軽くお辞儀して玉串を案の上に置く。次に拍手を打つが、この際に打つのが忍び手なのだ。

俗に、親族の喪にあたる場合、神前に参ることを慎み、親の喪にあたる場合は、1年間鳥居をくぐってはならないといわれる。しかし実際は、最大でも親が亡くなった場合の50日間でいいのだ。不幸があったとき、一定の期間、遺族は忌に服す。〝いみ〟である。「忌」とは己の心と書く。つまり他のものと関わらないことをさすのだ。

忌中《きちゆう》とは、家族が亡くなってから50日間をさす。本来でいえば自宅にある神棚に白い紙を貼って、玄関にも忌中の札を貼って、他人は家に入らぬようにするのだ。この間は、50日もっぱら故人のみたまにだけ仕えるために神社や寺院の参拝を控え、家族以外の人との接触を避けるようにする。

また喪中《もちゅう》という言葉もある。「喪中はがき」などで聞き慣れているだろう。ただ忌中と喪中の違いが分からない、あるいは一緒だと思っている人が多いようだ。喪中とは本来は、喪服を着ている期間ということになる。今では亡くなってから1年間を喪中としている。実際は世間に出ることを慎む期間なのだ。

だが、失礼ながら葬式が終わったあと、1年間ずっと喪服を着て謹慎しているわけにもいかないだろう。忌中の間も、50日間仕事もせず外出にも旅行にも出ず、人にも会わないというのは現実的ではない。だからここでは本質を知って、振る舞えばいいのだ。

明治以降、一般的には最も重い父母の死で50日間、夫の場合は30日間、妻の場合は20日間、神社参拝や神棚のお祀りを遠慮する。現在では慣例的に配偶者や子供など一親等内の不幸は50日間、神社参拝は控えるようである（43ページ図）。〝服〟は精神的に故人を偲《しの》ぶ期間だと考えるべきなのである。昔は不幸から50日目に神主が家に赴《おもむ》き、「忌明けの祭」を執り行ない、その後に家族全員で氏神様に詣でるのが通例だった。これが仏教の四十九日法要でもある。

だから1年間、神社を詣でてはいけないというのは、嘘なのである。忌明けがすんだら、忍び手どころか、しっかり参拝をしなくてはならないのだ。

私の友人の一人が、2013年にお父様を亡くした。ここ数年、一緒に靖國《やすくに》神社の「みたままつり」に同行して正式参拝をしているが、今年は〝あと1週間あるので……〟と遠慮するメールが届いた。彼はさすがにちゃんと期間を知っていた。忌明けがすんでから、東京赤坂にある二人のお気に入りの店、出雲の食材が並ぶ店〝がっしょ出雲〟へと食事に出かけた。

近親者との別れはつらいが、それをひとつの糧《かて》として新たな出発を喜んでくれているものこそが神となった人々の願いなのだと思う。実際は神への敬虔《けいけん》、感謝こそが一番大切だが、間違いだらけの作法だと氣を感じることもできなくなってしまうので注意しよう。

参考までに、明治7(1874)年に太政官が布告した忌服《きぶく》の早見表を次に掲げる。

ただし、新車のお祓いや七五三祝い、友人の結婚式にお招《よ》ばれした……などが忌中期間と重なった場合などは、この例ではない。お祓いせずに車に乗ってしまうほうがいけないし、七五三のお祝いをスルーするわけにもいくまい。上司の結婚式や親友の晴れ姿を、〝おじいちゃんの忌中なので〟と欠席するわけにもいかない。

こうしたときには氏神様にお願いするべきなのだ。その際は、あらかじめ用意した塩を体に振るなどしてから、鳥居をくぐりたい。そこで御手水でしっかりと清めたあと、社務

忌服早見表

死亡した人	忌	服
父母	50日	13カ月
養父母	30日	150日
夫	30日	13カ月
妻	20日	90日
嫡子	20日	90日
養子	10日	30日
兄弟姉妹	20日	90日
異父母兄弟姉妹	10日	30日
祖父母	30日	150日
祖祖父母	20日	90日
孫死	10日	30日
叔父叔母	20日	90日
従兄弟	3日	7日
甥、姪	3日	7日

忌（忌中）…神社参拝を控える期間
服（喪中）…喪服を着ている期間

所へ出向くのだ。その場合、忌明けとするお祓いもして、車のお祓いや七五三をしていただくといいだろう。

いけないお賽銭の額もある？

神殿の前に立った。さあ、参拝の開始である。

まず一度軽く頭を下げる。これは「これからお参りをさせていただきます」という会釈のようなものだと考えればいいだろう。賽銭箱の真上などに鈴が吊るされている場合は、鈴に付けられている綱を引き、鈴を鳴らそう。

鈴には、魔除けの霊力があるとされ、神様をお招きする役割があると同時に、神が降臨した合図だともされるのである。

ただ、神社の鈴は八幡神社や稲荷神社など庶民的な神社に多い。しかも、この風習は太平洋戦争が終わってから広く行なわれるようになった。伊勢神宮にも出雲大社にも鈴はない。

そして次にお賽銭だ。現在は、お供え物のひとつとしてお賽銭を入れるが、それが一般的になったのもそう古いことではない。元々、神前には海や山の幸が供えられていた。それが米や魚、塩や酒から、貨幣の普及とともに金銭を供えるようになっていったのである。

では、そのお賽銭の相場は、一体いくらぐらいのものなのか？　米や酒に換算してみると、おのずと平均値は出るのかもしれないが……。

とあるアンケートによれば、お賽銭として入れる額は、10円と答えた人が一番多いという。でもこれは駄目だ！

いや、金額が高い安いということが問題なのではない。10円は〝とおえん〟とも読むそうだ。〝とおえん〟は〝遠縁〟。神様にわざわざお願いにあがっているのに、縁が遠くなってしまうではないか。

縁というのは、恋人同士の縁だけではない。家族も兄弟も友人も、それに仕事もお金も健康も、願い事すべて縁がなければ成就は叶わないのだ。すべてが縁によって結ばれているのである。縁が遠くなるということはいけないはず。怖いことではないか。

たとえこれが〝語呂合わせ〟だと言われても、〝迷信だ〟と言われてもかまわない。私は10円玉をひとつだけ賽銭箱に入れたことは、この話を聞いてから一度もない。

この話を聞いたのは、はじめて北海道から一人で東京に遊びに行った中学2年生の夏だった。そのとき乗った、はとバスのガイドさんが、多分浅草寺《せんそうじ》に行ったときだと思うのだが、「10円は遠縁」と教えてくれたのだ。その後、ふと立ち寄った神社で、財布に10円玉がひとつだけということがあった。そのときは100円玉や1000円札を入れたり、1円玉があったら10円と1円で11円として〝いい（良い）〟と、やはり語呂合わせにして入れていた。

確かに初詣などのときは、1万円札や1000円札なんていうのもお見かけするし、〝入れた分だけご利益がある〟という人もいる。しかし、心の現れこそが大切だから、お賽銭の相場などというものはない。1000円でも100円でも5円でも本質的にはいいはずなのだ。だからこそ、日本の神道はいい。だからあえて、言っておきたい。〝遠縁〟の10円玉を入れるぐらいなら、反対に〝ご縁がありますように〟と5円玉を入れるほうがいいし、それこそ〝いい（良い）〟に引っ掛け、11円、41円を入れるのもありだ。〝二重にご縁がありますように〟と20円や25円を入れたりもする。私は、〝始終《しじゅう》（いつも）ご縁がありますように〟と45円（しじゅうごえん）入れることが一番多い。これはお寺の賽銭箱でも一緒である。

ただ〝小さいお金ないから貸して！〟と言って、自分の財布以外から賽銭を入れる人がいる。それはきっと、あとで借りた人に返すのだろうけれど、これはちょっとご利益がなさそう。今、私が5円ならばいいと言ったからといって〝二人分です〟と10円玉ひとつを入れ込むのも考えものだ。

これは、おみくじにおいてもそうなのだ。おみやげとしてお守りを買ってあげるのは別としても、神様へお願いするのだから、そのぐらいのお金はちゃんと自分で用意するべきなのだ。

それから、「お賽銭を投げ入れるのは失礼だ」というのをよく耳にする。心を込めて入れることは間違いではないのだが、本来はここにもお祓いの意味があるため、金を投げ入れること自体は誤りではない。だからと言って、ぶちまけるように投げ入れるのではない。よくお正月に参拝のとき、前の人が並んでいるからといって、後方から投げ入れることがあるが、あれは控えたいところ。自分自身の心の表現として、お供え物であるお賽銭なのだから丁重な振る舞いを心がけながら投げ入れるのだ。

玉串の受け取り方

気持ちがあれば特別に昇殿して行なう参拝や、お祓いを神職にお願いするのもいいだろう。これにはその神社相応の値段が決まっている。頭の上で大幣《おおぬさ》という白い紙が付けられた棒を振って、罪穢れを祓ってもらい玉串を神前に捧げたのち、お神酒《みき》を頂戴したりすることができる。厄祓いなどで経験した人もいるかもしれない。そこでよく、〝神棚に玉串を捧げる儀礼の作法が分からない〟と質問される。簡単に解説しておきたい。

玉串を神職から受け取る場合、左手は玉串の先のほうを下から支え、根もと、茎のほうを右手で上から持つ。左足から出て神前まで進んだら、一礼してまず玉串を時計回りに持ち替えながら90度回転させて、根元が自分のほうを差すように持ち替える。そのときに手はいずれも下から持つようにすること。

そこで一度頭を下げ、次に左手をすべらせ、根元に来るように持ち替える。つまり玉串はここで１８０度回転したことになる。そのまま神前の台（案という）の上に両手で玉串を静かにまっすぐ置く。茎のほうを神様に向けるということだ。

玉串の作法

①

玉串の根元のほうを右手、枝先のほうを左手で受け取り、胸のあたりで軽く肘を張って持つ

②

左手で葉の部分を支えながら、右の手のひらを返し、玉串を右に90度ほど回す

③

左手を玉串の元のほうへ下げて持ち、右手は中ほどを下から支えながら、玉串を右へ半回転させる

④

根元を祭壇に向けて置く

不幸せにならないための拍手《かしわで》の法

お賽銭まで入れた。その次はさっき少し出てきた拍手《かしわで》の番になる。3世紀に著されたとされる中国の歴史書『三国志』の中に書かれた『魏志倭人伝《ぎしわじんでん》』の中にもその記述がある。

『魏志倭人伝』は、当時の日本列島に住んでいた民族、住民である倭人（日本人）の習俗や地理などについて書かれている。その本の中に登場するのが、かの卑弥呼《ひみこ》である。それによれば倭人は高貴な人に会うときには手を打って、喜びの感情や感謝の念を表すとある。お祭りや宴《うたげ》で行なわれる、一本締めや三本締めなどのルーツがこれに当たり、尊敬の念は手を打って表すとされている。そこから神様へも手を打つ作法が当てられた。同時に、手を叩くことで神様に降臨願うという意味も含まれたのであろう。

お賽銭を入れたのち、一度軽く頭を下げたあと、しっかりと2回お辞儀をする。このお辞儀は腰が直角になるぐらいまで深く曲げるようにする。そして次に拍手を2回。このときはしっかりと音を出すのだ。右手の指先が左手の第一関節ぐらいを打つようにすると、はっきりとした大きな音が出る。つまり、手を合わせるときは必ず左手が上になる。

参拝作法

①一礼

軽く一礼する

②二拝

深く二度礼をする

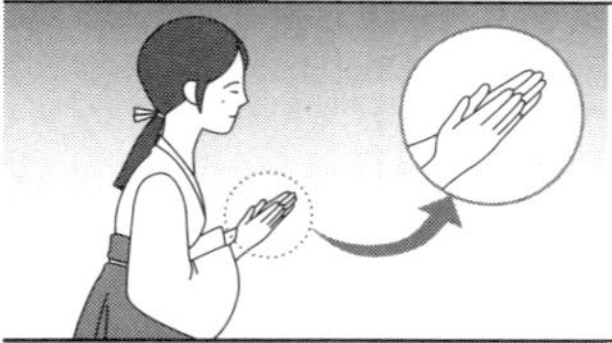

③二拍手

両手を合わせ、
右手を少し引いてから
拍手を打つ

④一拝

一度深く礼をする

⑤一礼

軽く一礼する

実はこれには大事な意味が隠されている。左は神を表し、右は人間を表す。だから、左手を上にずらし、右手を下ろすということなのだ。指の節と節とを重ね合わすと節合わせ、そう「不幸せ」になるから、左手を上にずらして右手の指が左手の手のひらを叩くようにするともいう。

よく周囲の人が黙々と祝詞《のりと》を上げていたり、真剣に長い時間、拝んでいたりすると、それに対して、気分が悪くなるのではないか？　失礼に当たるのではないか？　といった気遣いで忍び手（音を出さない拍手、39ページ）をする人もいるようだが、反対にそれはいけない。たとえほかの人が真剣に参拝中であったとしても、自分の願いを聞き入れていただく順番が来たのだから、必ず大きな拍手を打ってからでないと、神には届かないのだ。

伊勢神宮には、八度拝《はちどはい》という作法がある。座った状態から立ち上がり、また座るという座礼の起拝といわれるものを4回繰り返したのち、8回拍手を打つのだ。これを八開手《やひらで》といい、伊勢神宮独特の作法である。しかしこのことが記された本だけを鵜呑《うの》みにしてしまい、一般の参拝でありながら八拍手している人に出くわしたことがある。これは大間違いだ。八開手は神官が伊勢神宮の祭祀のときにのみ行なう儀礼であって、一般の伊勢参りは、二礼二拍手一礼でよいのである。

ちなみに出雲大社の場合は二礼四拍手一礼なのだ。これは一般の参拝者であっても同じこと。四拍手する場所は、出雲を加えても大分の宇佐《うさ》神宮、新潟の彌彦《いやひこ》神社の3カ所しか私は知らない。それ以外は二礼二拍手一礼するのが普通なのである。

拍手まで打ったら、願い事をする前に心の中で自分の住所と名前を言ってから始めるのがいい。「私はどこに住む何者です」と、ちゃんと自己紹介をするのだ。これは神様にすべてを分かっていただくため、正直な心を表すためともいわれる。

そしてまずは、神様への感謝の言葉を念じたい。「この場所におよびいただき、感謝いたします」だったり、「いつもお力をいただきありがとうございます」というような感じだ。そのあと、それぞれ各々の願いを聞き入れていただく時間となるわけだ。

私は、感謝の念を述べたあとであっても、「今後もお導きください」とか「神様の道しるべどおりに歩いて参ります。どうぞ今後ともよろしくお願いいたします」といった感じで終了してしまうことが多いのだが、このときに「○○大学に合格できますように」「生涯の人に出会えますように」「お金まわりが良くなりますように」「商売繁盛しますように」「病気が治りますように」「丈夫な赤ちゃんが生まれますように」などの大願成就を心から祈るといい。

祝詞を上げることで安らかになる気持ち

参拝のとき、できるだけ私は〝祝詞〟を上げるようにしている。参拝が超満員で後ろに人が大勢待っていたりするときなどは、それを略したり、横によけて次の人に順番を譲ってから読むが、静かで何人かの参拝者しかいないような神社だった場合、一般的な祝詞を上げるよう心掛けているのだ。

祝詞というものは神主さんなどが上げる、〝かしこみかしこみもまをす〟というものである。「ああ、教本みたいなヤツね！」って思っている人が多い。だってキリスト教には聖書というものがあるし、仏教にもお経がある。それと同様に神道には祝詞がある、と思っているようだが、実際は違う。

確かに祝詞も神徳を称え崇敬の意を表し、それを読み上げることで加護や利益を願う文章であることに間違いない。ところがそこには、〝こうしなければいけない〟、〝こういう行ないをしてはならない〟、〝こういったことによって救われる〟といった訓《おし》えは一切書かれていない。通常は神職がシチュエーションに応じて、つまり祭神に祭祀の目的、今日は何のためのお祭りなのか、七五三なのか結婚式なのか、厄祓いなのか嵐除けなのか、雨乞いなのか……。それを自分の言葉で考え、自分の節回しによって朗誦《ろうしょう》するのが祝詞なのである。だから、それによって祝詞の文章も内容も変わってくる。聖書やお経はそのたびごとに文句は変わらない。全く別物なのである。

ただ最初に「かけまくも、かしこき」、恐れ多いほどに威厳ある、とか徳が高い、すごい力をお持ちの「○○の大神」とそこの祭神のお名前を読み上げてから、意義や目的を奏上、願い事を唱えるのが通常。最後に「きこしめせと、かしこみかしこみもまをす」。つまり、「お聞き届けくださるように、恐れ多くも申し上げます」とお願いする。

神職ではない人が祝詞を奏上することについて、とやかく言う人がいるが、それは全く問題がない。神社に参るときは、それぞれの祝詞を奏上するのが本来の姿なのである。だから実際には、そこの祭神をしっかりと知って、「かけまくも、かしこき○○の大神」と始め、自分の願いをしっかりと願い、最後に「かしこみかしこみもまをす」、お聞き届けください、後押しをお願い申し上げます、といった形が最良であるのだ。神社の賽銭箱の横などに「祓へ給ひ清め給う」「幸魂《さきみたま》奇魂《くしみたま》守《まもり》給《たま》へ　幸《さきわえ》給《たま》へ」などを三度お唱えください……などと書いてある所がある。これが祝詞の略詞だから、これを声を出して読み上げるのもいい。参拝したときには略詞とはいえ、祝詞を上げたいものである。

祝詞の起源は古い。天岩戸の前で天児屋根命《あめのこやねのみこと》（アメノコヤネ）という神が「布刀詔戸言《ふとのりとごと》」というものを読んでおり、これが祝詞の最初だと思われる。祝詞はそのたびごとに文章を作るのが基本ではあるが、現在でも雅《みやび》やかな大和言葉が用いられている。

結婚式や初宮など決まった祭儀には同じ祝詞を用いることが多く、祓詞《はらえことば》や大祓詞《おおはらえことば》もほとんど言葉が決まっている。私が神前で読むようにしているのも、そんなスタンダードで短めの祓詞だ。「ここに詣でることでどうか自分の体についた罪穢れをお祓いください」といった内容である。

祓うといっても、除霊とかそういった類《たぐ》いではない。自分に知らず識《し》らずのうちについてしまった穢れを祓ってもらうための言葉なのだ。それを読むことによって神の存在を改めて深く知り、今の世を作った神への感謝を表すのである。穢れ祓いは、氣の枯れを防ぎ、氣を復活させるのだから、祓詞《はらえことば》を唱えるだけで、新たなるパワーを会得《えとく》できるのである。

基本的な祓いの祝詞をちょっとここで抜粋しておきたいが、神社ごとに利用している祝詞は異なる。神社本庁で使われているものと、新興の神道で使われているもの（天津《あまつ》祝詞《のりと》）があるが、天津祝詞の原型は江戸時代の国学者、平田篤胤《ひらたあつたね》が大祓祝詞を研究する中で生まれたとされる。

祓詞《はらえことば》

掛《かけ》まくも畏《かしこ》き　伊邪那岐大神《いざなぎのおおかみ》　筑紫《つくし》の日向《ひむか》の　橘《たちばな》　の小戸《おど》の阿波岐原《あはぎはら》に
禊《みそぎ》祓《はら》へ給《たま》ひし時《とき》に成《な》りませる　祓戸大神等《はらえどのおおかみたち》　諸諸《もろもろ》の禍事罪《まがごとつみ》穢《けがれ》有《あ》らむをば
祓《はら》へ給《たま》ひ清《きよ》め給《たま》へと　白《まを》す事《こと》を聞食《きこしめ》せと恐《かしこ》み恐《かしこ》みも白《まを》す

禊祓詞《みそぎはらえことば》（天津祝詞）

高天原《たかあまのはら》に神留坐《かむづまりま》す　神魯岐《かみろぎ》神魯美《かむろみ》の命以《みこともち》て　皇御祖神《すめみおやかむ》伊邪那岐命《いざなぎのみこと》
筑紫《つくし》の日向《ひむか》の　橘《たちばな》　の小戸《おど》の阿波岐原《あはぎはら》に　身禊祓《みそぎはら》ひ給《たま》ひし時《とき》に生坐《あれませ》る
祓戸《はらいど》の大神等《おおかみたち》　諸《もろもろ》　の枉事罪《まがごとつみ》穢《けがれ》を　祓《はら》ひ給《たま》へ清《きよ》め給《たま》へと申《まを》す事《こと》の由《よし》を
天津神國津神《あまつかみくにつかみ》八百萬《やおよろず》の神等共《かみたちとも》に　天《あめ》の斑駒《ふちこま》の耳振《みみふ》り立《た》てて聞《き》こし食《め》せと　恐《かしこ》み恐《かしこ》みも
申《まを》す

ご朱印はお守り代わりでもある

安らかな気持ちになって参拝し、祝詞を上げたあとにお札やおみくじ、お守りなどを売っている社務所に立ち寄る。伊勢神宮などではここを宿衛屋《しゆくえいや》ともよぶ。

実際、神社詣でをすれば行く場所ごとにお守りを買い求めてしまい、数が増えて置き場所にも困っている……なんていう相談を受けたことがある。「いろんなところで買ったけれど、神様が喧嘩《けんか》するのでよくないと聞いた」なんていう話も。わが娘曰《いわ》く、「そんなに神様は了見が狭くありません」。確かに！

お守りは、一年後に近くの神社に納めるといわれている。いや、大願が叶うまで持っていてもよいとか、お札は一年に一回とか、いろいろ聞くが粗末にはできないし、どのお守りが一年経ったのか分からなくなったりもする。結構、ないがしろにできない物だけに置き場所にも困ってしまう。あまり下にも置けない気がするし……。

「大好きな神社だから」、または「いいことがあったから」、お札やお守りは納めず持っていたい」という人も多い。そんなときにこんな話を聞いた。これは僕の専属ピアニストの鳴海周平《なるみしゅうへい》君がその友人から聞いた話だという。彼もすでにスタートさせていたのだが、「お守りやおみくじはたくさんになってしまうから、神社を詣でたときには社務所でご朱印をいただくのがいいんですってよ。それがお守りの代わりにもなるんですって」。

はじめてそれを聞いたとき、すぐに〝始めたい〟と思った。その話を聞いたすぐあとのコンサートは、たまたま僕の故郷《ふるさと》である北海道の札幌だったため、北海道神宮に詣で、そこでご朱印帖という朱印（はんこ）を押してもらったり、神社名を書いていただくための帖面を購入、1ページ目に「北海道神宮」と墨で書いてもらい、朱印を押して、日付を記してもらった。とてもうれしかった。

それ以降は必ず出かけるときには、ご朱印帖を持ち歩くようになった。私のそれにはいろんな町のいろんな神社のご朱印が並ぶ。氏神様、近所の神社がご朱印のスタートだというのもいいだろう。

でもそっちのほうが、お守り買うより高いでしょう？

いやいや、ご朱印帖は別にしても、ご朱印を押していただく値段というのは、大体300円ほどなのである。〝お気持ちで〟という神社もあるが、通常は300円か500円あたりでいいだろう。〝お気持ちで〟が基本なのだから、このときはおつりをいただかないようにするのが礼儀。いや、1000円札で払っても700円のおつりは出してくれるが、できればつり銭なしにして納めたい。

社務所の神職や巫女さんにお願いするときは、「ここのページにお願いします」と開いて出すこと。ご朱印帖を買った神社がトップに書かれ、そこから順次続けられる。大体、蛇腹になっており、表面が終わったら裏面に書いてもらうことになる。

朱印というものは、実際はちゃんと神様にごあいさつしてからいただくものである。拝みもしないうちからご朱印をお願いするのはおかしな話。ただし社務所が混雑しているような大きな神社の場合などは、ご朱印の待ち時間も長いため、先に社務所にご朱印を頼んでから「先にお参りをさせていただきます。後ほどご朱印帖をとりに伺います」と言って、拝殿に向かい参拝してもよい。「今、お書きしますのでお待ちください」と言われるほかは、参拝してから受け取ろう。

たまたま私は北海道神宮でスタートし、翌週の仕事が宮崎であり、高千穂を回ったので2ページ目には、神が降誕したという場所、高千穂神社、天岩戸が残る天岩戸神社と続いている。これは断然、たのしみのひとつになった。しかしその神社神社に必ず社務所があるわけでもないし、社務所があっても「ご朱印はやっていません」と応《こた》える神社もある。

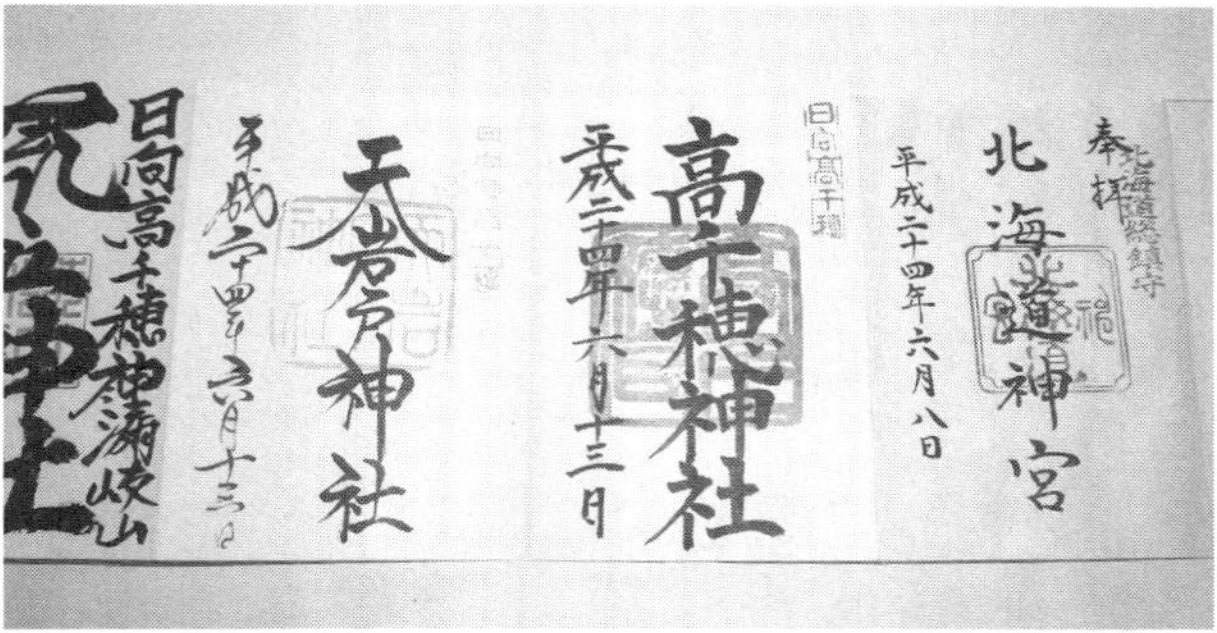

私のご朱印帖。すでに191社のご朱印をいただいた

だが大概、お守りやおみくじがある神社はご朱印や日付を書いてくれる。

私の手元には、お守りの代わりにご朱印がどんどん増え出した。うれしいことにご朱印をいただく際には、神社の由緒《ゆいしょ》書《がき》、略記などを無料でいただける（時たま有料のところもある）。そこの神社のご祭神はもちろん、どんなご利益があるのかということも分かるので、それを自宅に帰ってきたらひとつにまとめ、私の場合はご朱印もコピーしてファイリングしてある。

「これは終わったらどのようにするのですか？」とも訊《たず》ねられる。終わったら新しいご朱印帖になるのだが、では終わったものは？

私は現在、事務所の神棚の下に置いてあるが、話によるとお寺のものも含めて、よく亡くなったときに柩《ひつぎ》に入れるなどと言われる。たくさん持っている人は、神の世界に連れて行ってもらえるのかもしれない。極楽浄土への道なのかな？

もっと言えば、先々自分の子や孫が見て「お母さん、若いときにここを回ってたんだ！」「おじいちゃんと同じように回ってみたいな」なんて家宝のようにしている人もいる。

最初のうちは、スタンプラリーのような感覚だった。いや、スタンプラリーの起こりは、このご朱印からきているのではないかとも思われる。実際に、印鑑のシャチハタでおなじみ、シヤチハタ株式会社の運営する「スタンプラリー研究所」では、スタンプラリーの起こりを四国八十八所巡りのご朱印に求めている。

これは断然、誰にでもできるおすすめの趣味ともいえよう。

そのうちに、いろいろな神社を回りたくなってくるし、（ただし、これはそういった導きがある人だけだと思うのだが……）、あとで「ああ、この神社は何年の何月にお参りしたんだ」と見ることもできる。

すでにご朱印集めをしている！　お寺のご朱印はやっている！　という人たちにひとこと。できればお寺と神社のご朱印帖は別々にしたい。「日本は神仏混淆《こんこう》だったのだからいいだろう」という考え方は否定しないが、お寺では「これには書けません」という宗派もある。実際は神社のご朱印帖であっても、ご祭神によって「ここはこの神様の系統だから」などと変えている人もいるようだ。たとえば「全国の氷川《ひかわ》さんだけ回る」や「八幡様だけのご朱印」とか、中には「日本各地の一宮《いちのみや》（その地域の神社で最上位に当たる神社のこと）だけのご朱印帖」「護国神社だけ」という人もいる。そういったポリシーを持っていればいいのだが、「隣にお寺もあったから、ついでに同じ朱印帖に書いてもらおう」はちょっといただけない。

私はまだ寺院用のご朱印帖は持っていないのだが、友人の神職に聞いたところ、「〇〇寺と書いてある朱印帖を出して、ここにお願いします、という人たちはいらっしゃいますよ。まあ断らないですけれど……」と苦笑していたから、ここは守りたいところだ。

このご朱印、静かなブームをよんでいるらしい。それも女性はもちろんだが男性も最近、とみに増えてきた。いろいろな神社を回っていてパワー、つまり力がつかないわけはなかろう。

私の娘や友人たちにも私に感化されて、ご朱印集めをスタートした人が何人もいるのだが、そのままになってしまっている人もいる。〝スタートしたらコツコツと〟は、自分の意志だけでできることではないようなのだ。これこそ、神様の何かの作用——お導きがない限り、続かないのかもしれない。でもきっとこの本を読んでくれている人は、すでにパワーをいただく権利に近づいているから、「ご朱印集めを始めてごらんなさい」と進言したい。「以前やってたけど」という人も再開のチャンスが訪れた！　と思ってほしい。

でもやっぱりこの場所まで来たのだから、「ご朱印だけではなくお守りもほしい」という人もいるだろう。もちろんそれは結構なことだ。いいことだ。ただこれもしっかりと参拝したあとで購入すること。さらにお守りは先述どおりに、1年後にはできるだけ納めることを忘れないようにしたい。

おみくじを木に結ぶわけ

お守りとともに、やはり神社といえば〝おみくじ〟。引くとき、開けるときには何が出るかとドキドキし一喜一憂するものだ。おみくじを読んだあとに神社の木に結びつける風習があるが、実際は持ち帰るのがほんとうなのだ。

家に戻ってから、いい結果にしろ悪い結果にしろ肝に銘じるため、時々はそれを再び読み返すため、持って帰るのが自然なのである。特にいい結果を引き当てた場合などは、財布などに入れて持っているのがよい。大吉や吉をひいたのに、木に結びつけてしまうと実際はいけないんだそうな。

木に結びつけることで木を傷めてしまい、生育に影響が出るために、最近は、みくじを結ぶための専用みくじ掛けなどを設置している神社仏閣も見受けられる。悪い結果であっても、それを注意するために持ち帰りたいものだが、〝凶〟でも引いたときには、やっぱり結びつけてきたいもの。

私は生まれてこのかた一度として〝凶〟のみくじを引いたことがないのだが、「そんなに神様は了見が狭くありません」と言った娘は小学校に入る前や小学校低学年の頃まで、なぜかおみくじを引くたびに〝凶〟だった。そのたび「〝もっと頑張りなさい！〟という神様からの訓《おし》えなんだよ」と慰めてはいたものの、それが何度も続き、「もう一回引いてごらん」といって引かせると、またもや〝凶〟が出て、ちょっと不気味になって、邪気を祓ってもらおうと木に結びつけたことがある。

邪気を祓う。実は元々、みくじを境内の木の枝に結びつけるという風習はここからきている。木の生命力に助けてもらう、神社の木、つまり神木のパワーをいただいて、凶を吉へと転じてもらうためであり、神との縁結びを願ったのだ。だから悪い結果が出た場合だけは、しっかりと木に結びつけるようにしている。おかげで娘はその頃、一度病気で入院したこともあったが、その後は元気に成長した。ある時期から〝みくじの凶〟は全く出なくなった。内心、神の木が力をくれたから……と思っている。

さあ、参拝は終わった。神社をあとにする。ここで忘れてはいけないことを！

参拝を終え、鳥居を出たら、必ず後ろをふり向いてもう一度、神殿と境内に向かい一揖《いちゆう》するのだ。いくつも鳥居がある神社でも入るときと一緒、出るときもそのたびに一揖してから神社をあとにするのだ。

60年後に行ける保証がないので……

正しい参拝作法の知識を得て、パワースポットへの第一歩が広がってゆく。

実際、伊勢と出雲はその最終目的地だといってもいいだろう。だが、日本が誇る2大神社の遷宮が一緒に行なわれる年は、少なくとも60年後になるわけだから、〝お参りに行きたい〟、〝今行っておきたい〟と思うのは自然な発想だといえる。そんな神が国中に舞っているとされる現在、この時期に生きていることには何か意味がある。選ばれてパワスポを訪れる気持ちになっているのが、〝およばれ〟の証拠だと考えたいのだ。

日本人の総氏神であり、皇室の御祖神《おやがみ》でもあるアマテラスが祀られるのが伊勢神宮。そして縁結びの神としても有名な〝だいこく様〟こと大国主命《おおくにぬしのみこと》（オオクニヌシ）をご祭神とする出雲大社。日本を代表する2つの神社が、偶然にも同じ年に遷宮を迎えるのだ。

伊勢神宮は通称であり、正式には単に〝神宮〟とよぶ。神宮とよばれる神社は、初代天皇とされる神武《じんむ》天皇を祀る奈良県の橿原《かしはら》神宮のほか、応神《おうじん》天皇を祀る八幡様の総本社、宇佐神宮、それに明治神宮など、天皇家のご先祖を祀った神社だと考えることができる。

一方、オオクニヌシの大神を祀る出雲大社……、そうだ！　今、出雲大社をそのまま〝いずもたいしゃ〟と読んだ人が多かっただろうが、でもこれ、〝いずものおおやしろ〟と読むのが正しい。さて、この〝大社〟という呼び名は、皇祖神ではないのだが、古来から絶大な人気を誇る神に付けられてきたとされる。だいこく様の人気である。ほかにも熊野大社、宗像《むなかた》大社、春日大社、住吉大社、諏訪大社、それに富士山の富士山本宮浅間《ほんぐうせんげん》大社などがある。そうそうたる神社のオン・パレードだ。ところが出雲も熊野も諏訪も浅間も、その名を掲げている神社は全国にたくさんあるではないか？〝それなら、うちの近くにもあるんだけど……〟。いやいや、大社とよばれているのはそれらの総本社だ。そこから分祀され、全国に広まっていった。だからこうした分祀をたくさん持つ総本社こそが、大社とよばれる傾向にあるともいえよう。

60年後に、この2カ所ともに行ける保証は誰ひとりとしてない。だからこそ、私たちは今御遷宮の二宮を、そして噴火するのではないのか？　と噂《うわさ》されながらも世界文化遺産に登録された富士山の神様へといざなわれているのだろう。

さらに遷宮後の翌年は、お蔭参りとしてご利益がある。

さあ、出発だ！

第2章

伊勢神宮編

御遷宮費用はおいくら？

さあ、お待たせ！　やっとここで遷宮の説明に入ることができる。

早速、遷宮とは一体？

遷宮は「せんぐう」と読み、普通は「御遷宮」と尊《たっと》んで称する。遷宮とは、神社の正殿を修理するために、新たに建て替えた正殿にご神体を遷《うつ》すことをいうのである。それを周期的に20年とか60年とかに定め、宮を作り替えることを「式年遷宮」とよぶ。簡単に申せば、神様のお引越しのことである。

現在の五十鈴川《いすずがわ》のほとりに社が建てられたとされるのは、今からざっと２０００年前。お伊勢さんの式年遷宮は20年に一度と定められている。神宮には、それぞれ東と西に同じ広さの敷地があり、20年ごとに同じ形の正殿をはじめ、御垣内《みかきうち》の建物すべてを新築新造するのである。

正殿とは神社にあるさまざまな社殿の中で中心の社殿のことをさし、御垣内の建物とは宝殿、御垣、御門などのことだ。つまり、社殿はもちろん鳥居までも一新する20年に一度の大行事が御遷宮なのだ。さらに殿内の御装束、これは神の衣服や正殿の装飾のことで、そのほかにも武具や織機などの神宝も新調してご神体を新しい宮に遷す。古くから伝わる我が国で最も重要なお祭りのひとつである。

神宮の古伝（古い記録）によれば、式年遷宮を発案したのは、天武天皇《てんむ》だったとされるが、その後崩御され、遷宮が確立したのは持統天皇《じとう》の代になってから。

天武天皇、持統天皇といわれても、今ひとつピンとこないだろう。その年は西暦でいうならば690年。つまり、今から1320年以上も前に式年遷宮ははすでに始まっていたのである。しかし途中、戦国期には120年間中断されたことがあった。それは遷宮のための費用が足りなかったからである。何しろ、御遷宮には莫大な金がかかるのだ。では今回、62回目の遷宮はいくらぐらいかかるものなのだろうか？

な・な・なんと！　答えは570億円。

前回、20年前の遷宮時には、327億円かかった。新たに建造物が作られ、その材木を長い期間保護し、昔からの伝統技術を継承するためなどにかかる経費がこれなのである。その一切を浄財だけで賄《まかな》うというのだ。もちろんここに国の税金は使われていない。だが奈良時代、平安時代までは基本的に神税《しんぜい》という税金が充てられていた。庶民が祭祀や修繕に用いるための費用を稲穀で神税として納めていたのである。それほどまでに日本にとって大切な行事だったのだ。

皇室だけのものであった伊勢神宮参拝が、室町時代には武士の間で広まり、その後120年の中断を経て復活してからは、とうとう庶民にも急激に広まっていった。

伊勢神宮の神職に訊ねたところ、「慶長《けいちょう》14（1609）年以降、数十年おきに〝お伊勢参り〟ブームが起きたようですが、たとえば明和《めいわ》8（1771）年の参拝者の数は、4月からわずか4～5カ月で441万9000人という記録がございます」。

当時の日本の人口が約3000万人といわれるのだから、どれほどすごかったことか？

日本人の7人に1人が伊勢神宮にお参りした計算になる。

三重県を代表する民謡「伊勢音頭」にこんな文句がある。

♪伊勢に行きたい　伊勢路が見たい
　せめて一生に一度でも
　わしが国さは　お伊勢に遠し
　お伊勢恋しや　まいりたや……。

まさにそんな庶民の熱い思いが実行に移され、全国各地からお伊勢さんに向かう人たちであふれ返ったのである。

だが、江戸時代は私幣《しへい》禁断だったはずではなかったのか？

私幣禁断？　私幣禁断とは一般に天皇家の祖霊を祀る神宮を天皇、皇后、皇太子以外が参ることを禁じたことをいう。だから普通の人は、伊勢神宮には参拝できなかった――そう思われがちなのだが、実際は違うのだ。

私幣禁断とは読んで字のごとく、〝私幣〟を〝禁断〟しているのである。

ん？　分からない！

〝私幣〟とは天皇以外の貴族や一般人から神社に捧げる幣帛《へいはく》、つまり布や衣服、武具や食べ物、お酒といった神様への捧げ物のことをさす。いわば、それらが禁止されていたということなのだ。だから天皇からの捧げ物は受け付けるが、庶民からの捧げ物が禁止だということ。だからお参り自体はできなかったわけではないのだ。私幣禁断はその後なくなったと書いている書物もよくあるが、これも嘘。今でも私幣禁断の制は、変わらず続いている。

だから私幣禁断と参拝は別物なのだ。今だって神宮にたとえばお酒を奉納しても、アマテラスの大神が祀られる正宮には捧げることはない。神楽殿へと奉納されるのである。だからといって、神宮を参拝できないわけではない。だから人はみな、お伊勢参りへと向かった。

しかし、当時は新幹線も鉄道も車もない時代である。ましてや、関所があって国を出るのは至難《しなん》の業《わざ》。自由に旅することなど困難だった。そんな江戸時代に、なぜ庶民による参拝ブームが訪れたのか？

これはわらべ歌の「通りゃんせ」を調べているときに知ったことなのだが、関所の通行手形を発行する場所はお寺だったのだ。神仏習合の時代、巡礼の旅は大目に見てもらえる、というより、どちらかといえば推奨されていたのだ。特にお伊勢詣でともなると別格。ほとんど〝どうぞご自由に！〟状態だった。

さらに、大ブームを陰で支えた御師《おし》とよばれる人たちがいた。御師？　何だかちょっと不吉な呼び名だ。その御師たちが組織的に伊勢詣でを庶民に働きかけ誘引していたのである。いよいよ不吉だ！　騙《だま》されて、お伊勢参りさせられていたのか？

とんでもない！　その反対だ。御師とは〝御祝詞師《おんのりとし》〟、〝御祈禱師《おんきとうし》〟を簡略した名称で、元は諸国の武将などに寄進や協力を求めていた下級神官のことをいう。それが時を経るごとに庶民にも布教活動や参拝の手引きを行なうようになっていった。今でいうなら、さしずめご当地を知り尽くしたツアーコンダクター、旅行代理店といった具合。旅行業の原点こそが、御師たちといえそうだ。

全国の農民たちに御師が農業の神、豊受大御神《とようけのおおみかみ》（トヨウケ）を祀っている伊勢外宮の存在を知らせ、お蔭《かげ》参りのきっかけを作っていったのだった。

その熱心な広報活動が実って、庶民のお伊勢参りが実現するようになったが、いくら勧誘しても、いくらお伊勢さんに詣でたくても、旅をするにはお金が必要。そう簡単にお伊勢さんまでは行けやしない。時間もかかる。

当時、江戸（東京）から伊勢までは片道15日間。大阪からは5日間、名古屋からでも3日間、東北や九州からも参宮者は歩いて参拝した。東北岩手の釜石《かまいし》からは、優に100日かけて伊勢参りをしたという。まさに大仕事なのである。

そこで人々は、伊勢に行くための組織作りを始めた。それが〝講《こう》〟とよばれるものだ。みんなで集まって金を貯《た》め、伊勢行きを果たそうという、いわば共同積み立てだ。同様に富士山詣でをする富士講や、熊野詣でのための熊野講もあったという。

町や村の有力者が講の親方となり、各家の戸主みんなが平等の権利をもって、民主的に運営されていた。だが伊勢に近い地域だったら、お金さえ貯まれば講員全員で参拝もできようが、遠い場所ではそうもいかない。何年経っても全員揃《そろ》っては行けないのだ。そのため、ある程度の金が集まったら籤《くじ》など公平な手段で代表者を選び、その人に出向いてもらい、自分たちの分までお参りしてもらう。それが講なのである。

ついに伊勢参宮をすることになると、御師は自分の家を宿にして、伊勢海老など山海の幸を用意して人々をもてなす。内宮と外宮を結ぶ間《あいま》の山の道筋には、〝古市《ふるいち》〟という歓楽街があり、そこでも楽しんでもらう算段もした。ここは京の島原《しまばら》、江戸の吉原《よしわら》と並ぶ三大遊郭として有名だった場所なのである。

内宮より先に外宮へ

伊勢神宮には内宮と外宮のふたつの宮がある。内宮は平成25(2013)年10月2日、外宮は10月5日にご神体が新居にお遷りした。内宮、外宮にはともに多くの宮社が置かれ、正宮のほかに別宮、摂社(神社の境内の中に祀られる本殿以外の小さな社で、本殿に祀られている神に関係する神や、その土地の地主神などを祀った社）、末社（本殿に祀られている神に関係しない社）など合わせてなんと125もある。それらすべてで「伊勢神宮」とされるのだ。

さてその内宮、外宮なのだが、この読み方を間違っている人がよくいる。内宮は〝ないぐう〟ではなく、〝ないくう〟、外宮は〝げぐう〟ではなく〝げくう〟と読むのである。

内宮だけの参拝で伊勢参りとしてしまう人も多い。でもそれは違う。この神宮は、内宮どころか外宮を最初に詣で、そのあとに内宮へと参拝するのがお蔭をうまくいただくコツなのだ。これは絶対に守りたいところ。

先に詣でることになる外宮のトヨウケがこの場に鎮座したのは、アマテラスの伊勢遷座から約500年後のことだ。ただ、倭姫命《やまとひめのみこと》（ヤマト姫）が諸国を回って、伊勢内宮にアマテラスを迎えたときすでに、呼び名こそ違うが、外宮は存在していた。そしてこの場所には土地神が祀られていたのだ。そうしたことから敬意を表し外宮先祭が行なわれ、現在も外宮からお参りするようになったといわれている。

アマテラスが鎮座したあとに、トヨウケが外宮に祀られることになったのは、こんな話に基づく。延暦《えんりやく》23（804）年に神祇官《じんぎかん》に提出された伊勢神宮外宮の社伝『止由気宮儀式《とゆけぐうぎしき》帳《ちょう》』によれば、雄略《ゆうりやく》天皇の夢枕にアマテラスが現れ、「吾れ一所のみ坐《おわ》すはいと苦し、しかのみならず大御饌《おおみけ》も安く聞こし召さず、丹波《たんば》国の比沼《ひめま》の眞奈井《まない》に坐す我《わ》が御饌都神《みけつがみ》、等由気《とゆけ》大神を我が許《もと》に連れて参れ」と告げた。これがあとで紹介する丹波の国、京都の眞名井神社である。

これは「自分一人では食事が安らかにできないので、丹波の比沼眞奈井《ひぬまのまない》という場所にある御饌、これは天皇の食事のことだが、その食事の神である等由気大神を近くに呼び寄せなさい」という意味である。等由気大神こそがトヨウケの大神なのである。と、いうことでトヨウケは食事を司《つかさど》る神として迎え入れられた。それからというもの、本殿では一日も欠かすことなく毎朝夕2食、アマテラスとトヨウケをはじめとする祭神に御神饌《ごしんせん》を捧げる儀式が行なわれている。

トヨウケは食事の神である。食べるとは生きていくことにつながる。つまりわれわれが外宮に行くということは、命の大切さに感謝する場所に出向くということなのだ。

同時にトヨウケは豊受と書くことから、豊かな富を受けると解される。だからといって宝くじが当たるとか、遺産が転がり込んでくるといった意味だけではない。

確かにそういう気流に乗ることにはなるが、それよりも豊かな人生、実りある人生の道を授けてもらえるという神様なのである。

私たちは、まず外宮に入ることで現実世界への執着心を清め、心が軽く晴れ渡ってから内宮へと進むことになるのである。

外宮より先に行くべき神社

ちょっと待った！「内宮・外宮」だけを考えればそれでいいのだが、本当は外宮を参る前に、行かなければならない神社があるのだ。

順を追って説明しよう。まずは第1章で解説したとおり、伊勢神宮参りを決意したら、出発前に自分が住む場所の氏神様に詣でる。「これからお伊勢さんに行って参ります。道中お守りください」ということだ。そして伊勢に向かう。伊勢に着いてもすぐさま外宮ではない。

外宮に向かう前に、二見《ふたみ》興玉《おきたま》神社という場所を訪ねなくてはならないのだ。

さらに、遷宮などの場合、二見興玉の前に、同じく二見にある御塩殿《みしおどの》神社に詣でる必要がある。ここは堅塩を作る施設、塩田を備えている神社で、地元の人々に言わせれば御塩殿から興玉に入り、そのあとやっと外宮に赴くことができるのだとされる。これが正規ルートなのである。

御塩殿神社にしても、二見浦、つまり海を目前にした場所にある二見興玉神社にしても、神事には欠かせない塩がポイントとなっている。

塩には邪気を祓う力がある。古来より伊勢神宮に入る前には、清き渚とされる二見浦で沐浴《もくよく》し、しっかりと禊祓いを行なう慣わしがあったのである。ということは、お伊勢さんを参る前に海に入らなければならない？

さすがに現在では霊草である無垢鹽草《むくしおぐさ》という海草のアマモで身を清めるお祓いを受けるのが一般的になったものの、今も11月から2月までの厳冬を除く、毎月第三土曜日と翌日の日曜日の朝には海水に浸かり禊《みそぎ》をするという神魂禊会《しんこんみそぎかい》というコースなども設けられている。

二見興玉神社の祭神は、猿田彦大神《さるたひこのおおかみ》（サルタヒコ）、宇迦御魂大神《うかのみたまのおおかみ》（ウカ）、綿津見大神《わたつみのおおかみ》（ワタツミ）の三神、いや三柱《みはしら》。そう！　神様は一柱《ひとはしら》、二柱《ふたはしら》と数えるのが本当。

境内の蛙。海上に浮かぶ“鳥帽子岩”も近年蛙の型になったという

神話の中でのサルタヒコは、天孫瓊瓊《てんそんにに》杵尊《ぎのみこと》（ニニギ）がアマテラスから三種の神器を授かって天から降りるとき、お迎えして途中の邪悪を祓いながら暗い中を道案内した神とされる。そのおかげで日本国、天皇家が誕生したということから善導の神として崇められる。

その神の使いとされるのが蛙。そうだ、あの〝カエル〟だ。境内には無数の蛙の置物が並んでいるが、これらは「無事カエル」「貸した物がカエル」「若ガエル」「お金がカエル」など、蛙が〝帰る〟や〝返る〟へと変じ、そのご利益を受けたという人々からの献納の数々なのである。

ここの海から見る朝焼けはすばらしい。

海に浮かぶ夫婦岩の沖合700メートルの海中には、サルタヒコゆかりの霊石、興玉神石《おきたましんせき》が沈んでいるが、その夫婦岩の間から昇る太陽の光は新たな一日の始まり、人生のスタートへの意欲を感じさせる。

二見浦の美しい海辺から遠く望む富士の山影から輝きながら昇ってゆく朝日を拝むと、思わず手を合わせたくなる。

私も先日、伊勢神宮を詣でる前日に二見興玉神社の近くの宿に泊まって、翌朝ご来光を望んでから外宮へと向かった。そのご来光の圧倒的パワーを受けてから、外宮を拝させていただいたのである。

二見興玉の境内には、ウカを祀る天の岩屋がある。そこへ足を進めることで、伊勢参拝からいただく氣を整えてゆくのだ。このウカこそが、外宮に祀られているトヨウケなのである。

さあ準備万端。とうとう外宮へといざなわれる時がきた。

夫婦岩にのぼる朝日

日の出遥拝の案内板

御垣内参拝《みかきうちさんぱい》はおすすめです！

外宮。入り口の表参道火除橋から一の鳥居をくぐる。もちろん先ほど勉強したとおりに帽子をとって一揖《いちゆう》（32ページ）して、左足から入ろう。神様の通り道とされる〝正中〟を通らず、端を歩くことも忘れずに！　外宮は左側通行である。

外宮では一の鳥居に続いて二の鳥居がある。御手水場で清めたあとにまずは社務所、神楽殿に寄りたい。そして是非とも御垣内参拝の手続きをしていただきたいのである。ここは神職の後ろについて、本殿を囲む垣根の内側に入って参拝することが可能なのである。これを御垣内参拝という。御垣内の空間は、多少鈍感という人でも全く違う氣を感じ取ることができるだろうと確信する。

普通、一般参拝者は内宮外宮ともに正宮の南側に位置する板垣南御門内に進み、生絹でできた御幌（これで〝みとばり〟と読む）――〝ああ、あの暖簾《のれん》みたいなヤツね!?〟、そのとおり。その御幌が掛けられている外玉垣南御門の前から参拝する。大抵の参拝者、観光客はここ止まり。これより奥に進むことなく帰ってしまう。

伊勢神宮（外宮）御垣内《みかきうち》の図

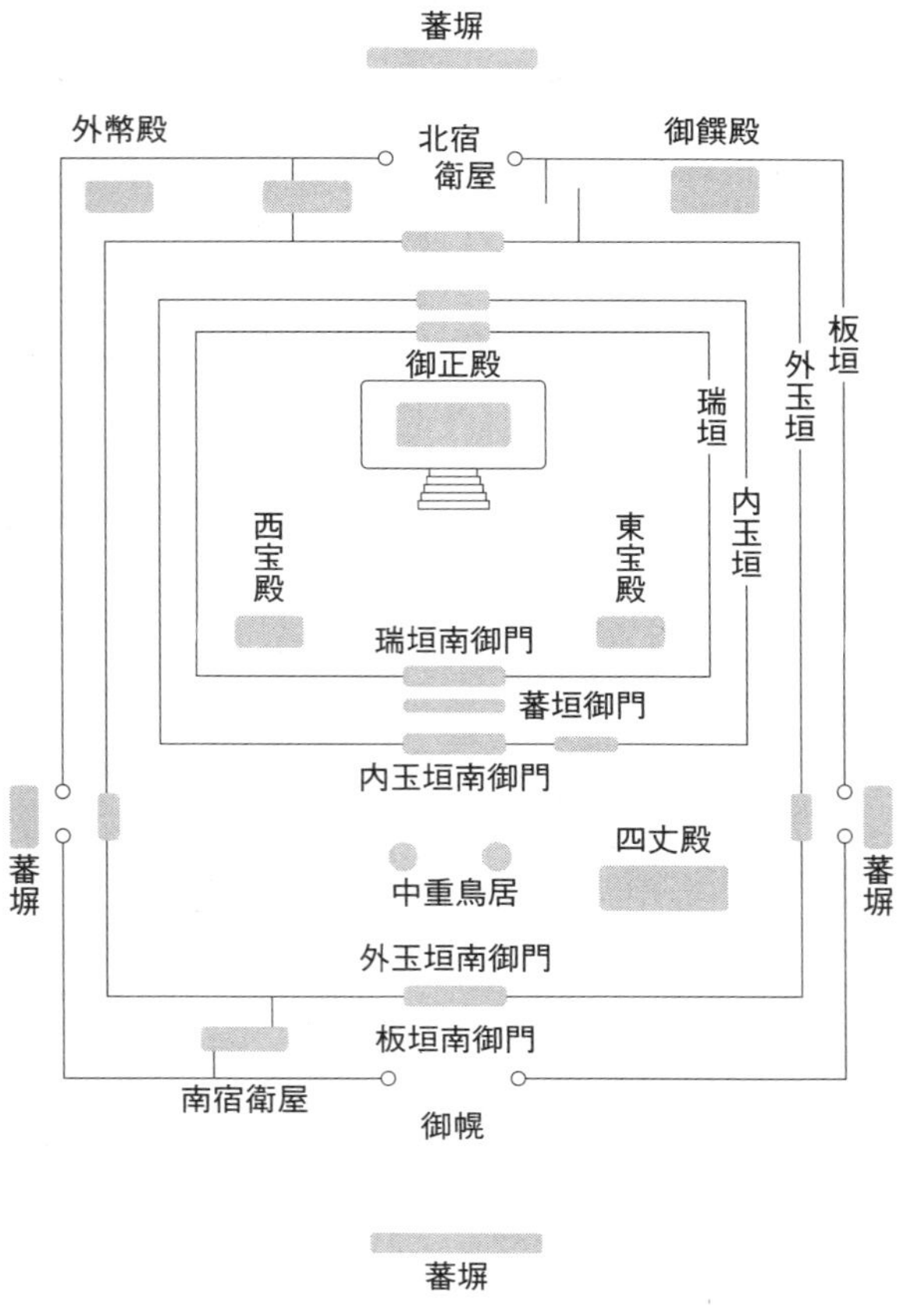

御幌の前で参拝する、それだけでも十分ご利益はあるのだが、どうせならさらに御幌の向こう側に立って参拝してみたい。せっかくここまで来たのだし、この本に出会ったのだからその方法をお教えしたい。それには造営のための資金の寄進、つまり寄付をすることである。

「な〜んだ、それじゃあ、無理じゃん！」

いや、そう言わずに聞いてほしい。寄進の額の大小により、参拝時の本殿前に立つ位置は変わる。だが、その寄付金の額、上は無制限なのだが、最低はなんと、1000円からなのだ。

「えっ？　そのぐらいであれば、今回のお賽銭として考えていたので大丈夫！」って人もいるはずだ。

ちなみに1000円〜9万9999円の参拝位置は、この中の外玉垣南御門内、10万円〜99万9999円の人の参拝位置は中重御鳥居際、さらに100万円以上は内玉垣南御門外とされている。

ある意味、1000円という金額でこの垣根内に入れることは、ただただありがたくて仕方ないと思えるのだ。

ここの霊的な価値は値が付けられないほどのパワーだからなおさらである。だからその額は気持ちで寄進すればいいのである。

たとえ1000円であってもいいと思うし、5000円でも、1万円であっても100万円であってもいい。自分の意思に従って、新しい宮造りをお手伝いさせていただけるという気持ちで寄進することが肝要だ。

寄付すると証明書と絵葉書がついた『特別参宮章』をいただける。その参宮章を持って本殿に行き、本殿から向かって左側の詰所の神官に券を見せ、特別参拝をお願いするのである。

この特別参宮章は内宮、外宮共通で御垣内参拝をさせていただけるのだ。それも日にちが違っていてもOK。たとえば時間の都合などで外宮は今日だが、内宮は明日と思っている人でも大丈夫だということである。

詰所で記帳を済ませると、柵の扉が開けられ中に案内されるのだが、ここで大切なのは服装である。そのチェックは特に厳しくされるから心することだ。実際に参拝を拒否されたり、「その格好では無理です」と言われた友人の話もある。

男性はスーツにネクタイをつけていないとアウト。それも派手すぎては駄目。もちろん革靴。和服のときは羽織、袴を着用。まあ、普通のスーツを着ていたら男性はほとんどの場合、パスだと思っていい。

しかし問題なのは女性。女性もこれに準じた服装が求められ、洋服、和服どちらでも構わないが靴、草履を履いていなければならない。サンダルやミュールは駄目。清楚な感じで肌は出さず、黒か白色で統一していればほぼ大丈夫だろう。簡単に言えば礼服を着ていれば問題ないということになる。Tシャツに上着、ジーパン穿《ば》きは絶対断られると思っていただきたい。ジャージやトレーナーも当然だ。

実際、友人の女性は上等なニットのカーディガンを羽織っていたのだが、「ニットはニットですので……」と、注意を受けたという。

だから、このために駐車場でスーツやブラウスに着替えてから鳥居をくぐるという人もいたりする。真夏になるとスーツも大変。カンカンと照りつける太陽の下、汗だくになってしまう。だからこそ、駐車場でお着替えということにもなるのだろうが、伊勢の大神とこれから直接に向き合うことができるのだから、そのぐらいは当然だと思ってもらいたい。

有資格者の同伴に限り、配偶者や子供は一緒に参拝することができる。

無事に入ることになったら、あとは神官の指示のとおりのお作法で御垣内参拝を行なうことになる。まずは頭を下げ、塩で清めてもらう。一歩ずつ正宮に近づくにつれ、胸がドキドキしてくる。氣が集中しながら流れている特別な場所であることに気づくからだ。白く敷き詰められた石全体から、パワーがあふれ出ているのがはっきりとわかる。

御幌の前での一般参拝の場合もそうなのだが、拍手を打ったあと具体的な願い事をしてはならない。

「いつもお力をいただきありがとうございます」という感謝の言葉を心から述べるので十分である。

お願い事は多賀宮で

外宮正殿の参拝を終え、別宮に向かう道の脇にあるのが川原祓所。通称〝三ツ石〟と呼ばれる小さい注連縄に囲まれている石だが、ここは宮川の支流が流れていた所。内宮にある五十鈴川の御手洗場と同じようなものがここにあったのだろう。現在でも、祭祀の際に神職などがお祓いをする場所として使われる。

その目印として注連縄が張り巡らされている。

雑誌やテレビなどでここをパワースポットと称し、ここに右手をかざすとパワーをいただけるとされているためなのか、注連縄の中の石に向かって手をかざしている光景をよく見かける。中には注連縄を越えて触っている人までいるが、実は、それはナンセンスなのである。

注連縄が張ってあるというのは、たとえばここは神域だったり、これ以上は近寄ってはならないという目印だと考えられるが、ここの注連縄は、単なる祓所の目印にしかすぎないのだ。

神職も「そういう方を見かけますと〝不勉強だな〟と思っておりますが……」と話す。

三ツ石を通り過ぎ、亀の顔に見える亀石の上を歩く。気づかないまま通り過ぎてしまう人が多いが、ここは氣を感じている人なら見過ごすことはなかろう。心地よいエネルギーにあふれている。

亀というのは吉事の象徴である。昔から長寿の代表のようなものとして崇《あが》められてきた。長寿を祈り健康を祈り、それにも増して元気に伊勢を回ることができる縁に感謝したいものだ。

そこを渡って、直進すると多賀宮《たかのみや》へ上る階段が見えてくる。

階段を上る前の杉の木の右側には別宮の土宮《つちのみや》、左に風宮《かぜのみや》があるが、まず多賀宮を先に参拝するのが順序。正宮はトヨウケのやさしい和魂《にぎみたま》とよばれる魂であるのに対し、ここは反対にトヨウケの強いパワーの部分、荒魂《あらみたま》が祀られている。

このお宮こそ、具体的なお祈りをする場なのだ。何か物事を始めようとするときに、大きなパワーを与えてくれる。

そのあと、外宮の地主の神である大土御祖神《おおつちみおやのかみ》を祀る土宮、風宮の順に詣で、石段の左手にある水の神様、下御井《しものみい》神社にも詣でるとよい。

ここは小さな社だが、この中には井戸がある。この水は西に位置する藤岡山の麓《ふもと》にある上御井《かみのみいの》神社から毎朝汲み運ぶのだが、上御井神社への一般参拝は許されていない。上御井の井戸は神が住む高天原《たかまがはら》に通ずると言われる。

さらに時間に余裕があれば、北御門参道沿いの御厩を左折した細い参道の先にある度会《わたらい》国御神社《くにみ》、大津神社へと足を運び、一揖して外宮をあとにしたい。

　別宮、摂社、末社と呼ばれる社がいくつも点在するが、意外と忘れがちなのがその一社ごとにお賽銭を入れること。お金を入れなければ願いが聞き入れられないということでは決してないが、お願いするのだから、自分の気持ちだけでもお賽銭は入れたいと思う。

　小銭がなくなってしまった……、10円玉ひとつしかないけれど、これでは〝遠縁〟になってしまう……。そんな心配から、私は神社を詣でる前には必ず数日前から1円玉や5円、10円、50円、100円などの小銭をたくさん集めた小銭袋を作って、それを持参して詣でることにしている。

　できる限り45円（しじゅうごえん）を入れるため、ご朱印をおつりなしでいただくためにである。

豊受大神宮（外宮）MAP

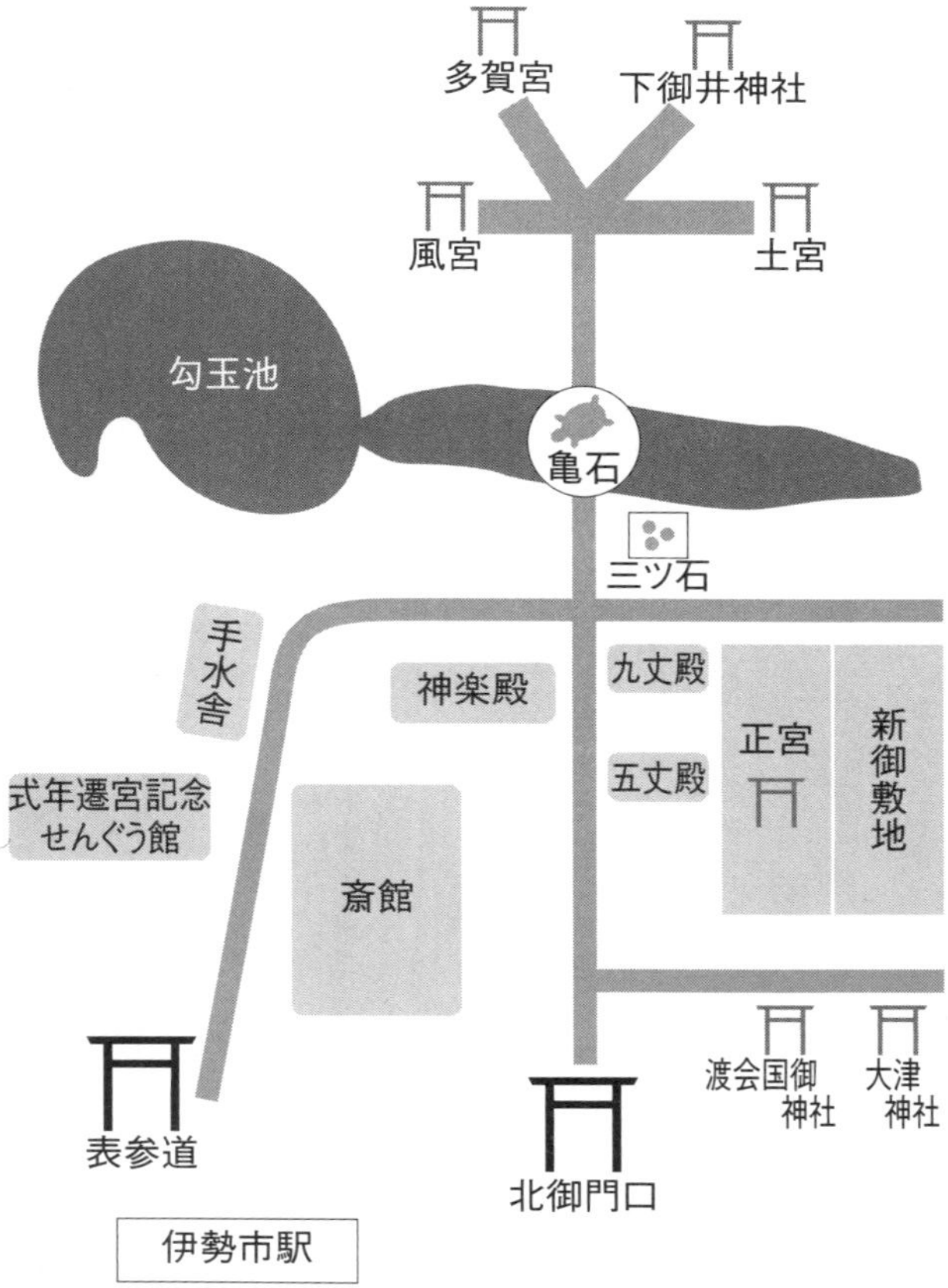
多賀宮
下御井神社
風宮
土宮
勾玉池
亀石
三ツ石
手水舎
神楽殿
九丈殿
五丈殿
正宮
新御敷地
式年遷宮記念
せんぐう館
斎館
渡会国御
神社
大津
神社
表参道
北御門口
伊勢市駅

見落とし厳禁！　内宮の前にアポイント

外宮を出、内宮へは車で10分ほど。駐車場の混雑は仕方ないが、もしも近くまで車で行くならば、空いている駐車場に入れてしまい、そこから歩く手もあるし、何本も通っているバスで内宮に向かう手もある。またバスに何度乗っても同じ値段という、フリーパスを入手することもおすすめだ。

火除橋を渡って歩いていくと、右手に新しくできた御手水場がある。そこで手を洗い口をすすぐが、五十鈴川こそが本来の御手洗《みたらい》場である。晴れた日には五十鈴川へと下っていき、川で手を洗い、水を口に含みすすぐのが本当なのだ。あまりのうれしさに川にお賽銭を投げ入れる人もいるほどだが、それは遠慮しておこう。

五十鈴川での御手洗を済ませ、すぐ右手に折れると滝祭神《たきまつりのかみ》が祀られている。ここが重要ポイントなのである。何はともあれ、ここに詣でなくては始まらない。そうでなければ内宮参りはおジャンになると思ってくれればいい。

メインの参道から少し外れた場所にあるため、かなり見落としがちではあるが、なんとしても探し出して行く必要がある。ここは所管社《しょかんしゃ》とよばれる小さなお宮だが、別名〝お取次さん〟という特殊な位置付けの社である。

正宮に鎮座するアマテラスの神様に会う前に、そのお取り次ぎをしてくれる神様、つまり秘書役、アポイントをとる場所ということになる。正宮に詣でる前に住所と名前、そして参拝に来たことを報告することで、アマテラスの大神に「○○に住む○○という者が参りにきましたよ」と先に伝えてくださるというわけなのだ。お参りのお約束をするのだから、ここは相当大事なポイントである。この場所で心静かに願うことによってかなりの氣を感じさせてくれるが、それもそのはず、ここを参ることで心身共に禊を行なったに等しいとされている。

滝祭神にお取り次ぎをお願いしたあとには、二の鳥居を通り、神楽殿の手前を右に入った風日祈宮橋《かざひのみのみやばし》の先にある風の神、別宮風日祈宮《かざひのみのみや》を詣でたい。

アマテラスは太陽神、日の神であり、同時に火の気質をも持った神である。風は火を助ける力があるので、ここで風のパワーに触れてから正殿に向かうことで、力を大きくさせてくれるのだ。これも参拝のコツ。

さあ、とうとう正宮参拝である。

階段を一段ずつ上ると、穏やかで雅な神氣が魂をだんだんと包み込んでくれる。外宮でいただいた『特別参宮章』はここでも活用されるわけだ。実にありがたいことである。服装も外宮同様にしっかりと心がけるのがルールだ。

神官の後ろについて御垣内へと歩を進め、アマテラス大神が鎮座する神前に向かってとうとうお参りするのである。何ともいえぬ神々しい氣にのまれそうになる。御垣内参拝をすると〝何かが変わった〟という人に遭遇するのも、当たり前と言えば当たり前なのだ。私もそんな一人だといえるかもしれない。

ここも外宮の正宮と同じように、「彼氏ができますように」とか「病気が治りますように」などなど、具体的なお祈り事をする場所では断じてないのだ。何はともあれ、感謝なのである。

いや、こんなことをわざわざ書き記さなくても、あなたならもう分かっているはず。全く違う氣が流れている空間を前にして、「〇〇してください」などというチンプな願い事が口から出てくるはずがない。「ありがとうございます」の感謝の念しか思い浮かばなくなっている自分に気づくはずである。自分の心の成長を感じ、充実感がみなぎる。

日々生きていることへのお礼と「この場所に来ることができ、ありがとうございます」

皇大神宮（内宮）MAP

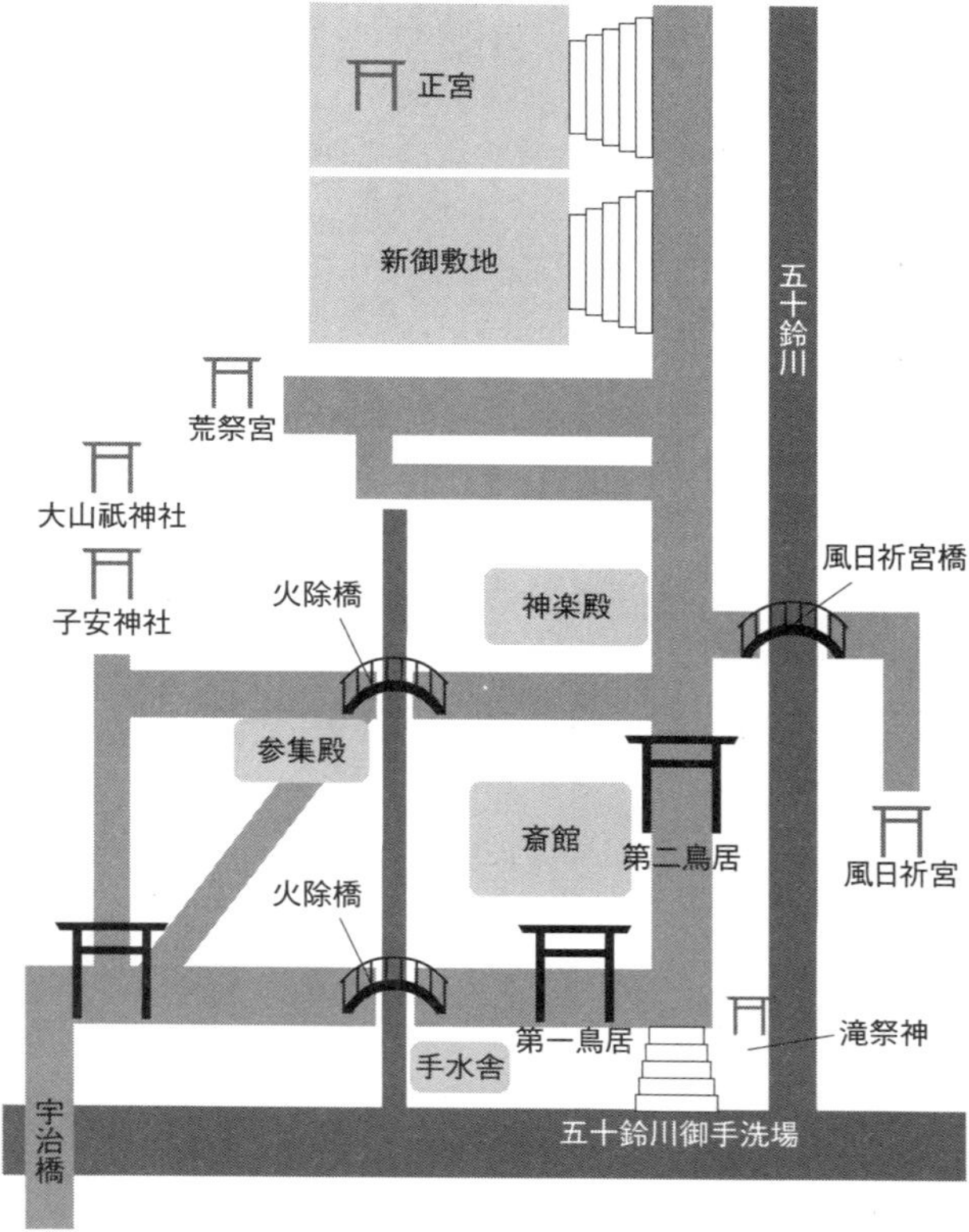
正宮
新御敷地
五十鈴川
荒祭宮
大山祇神社
子安神社
風日祈宮橋
火除橋
神楽殿
参集殿
斎館
第二鳥居
風日祈宮
火除橋
第一鳥居
滝祭神
手水舎
宇治橋
五十鈴川御手洗場

と神様に報告したあと、アマテラスの魂が活動的になった状態を祀っている荒祭宮《あらまつりのみや》へと向かう。ここの魂の宮こそが、人の願いをすべて叶えてくれる神なのだ。ここで具体的にお願いをするのである。正宮では感謝、荒祭宮でお願い事を心で唱えよう。

そのあと時間によっては内宮内の子安《こやす》神社、その奥にある大山祇《おおやまつみ》神社を詣でるといい。子安は安産の神、大山祇（オオヤマツミ）は山の神だ。

おはらい町通りとおかげ横丁で

内宮を出て、すがすがしい気持ちで五十鈴川をまた渡る。駐車場のある裏手の小高い場所に、饗土橋姫《あえどはしひめ》神社という小さな社が建つ。伊勢の旅の安全を守っている神様である。無事に伊勢神宮を詣でることができたことへの感謝と、残る帰路の安全をお願いしよう。

内宮前の雑踏をひっそりと守り眺めているここの神社には、やさしく見守るという大切なのに忘れがちな心を復活させる力がある。内宮を抜けたあと最初に手を合わせるべき場

よりパワーのいただける**おすすめ伊勢神宮ルート**

※出発前に氏神様を詣でましょう。

御塩殿神社（遷宮の時にはここを詣でる）

↓

二見輿玉神社

↓

外宮

①手水舎 → ②一の鳥居 → ③二の鳥居 → ④正宮（御垣内）

→ ⑤三ツ石 → ⑥亀石 → ⑦多賀宮 → ⑧土宮

→ ⑨風宮 → ⑩下御井神社 → ⑪度会国御神社 → ⑫大津神社

↓

内宮

①一の鳥居 宇治橋 → ②御手洗場 五十鈴川 → ③瀧祭神 → ④二の鳥居

→ ⑤別宮風日折宮 → ⑥正宮（御垣内） → ⑦荒祭宮 → ⑧子安神社 大山祇神社

↓

饗土橋姫神社

↓

おかげ横丁

所だ。

ここまでやってきたら、おそらく大抵の人々は自分の心にある本来のやさしさを感じることができるし、欲張りな心や意地悪な思いが消えてゆくような気持ちになっていくことが分かるはずだ。

うまく事が運ぶようになったのは、決して自分の実力だけではないことに気づくだろうし、不運なことが起きるのは運が悪いのではなく、自分の努力や心がけが貧しかったり、見方が間違っていることを知らされるようになってくる。

不思議な思いを胸に、そこを参ったあとは宇治橋から五十鈴川に沿って続く約800メートルの美しい石畳、伊勢の旧参宮道であるおはらい町通りに出てみよう。参拝後に観光を楽しむ人たちで年中にぎわっている。ここも長いこと、伊勢を訪れる旅人をじっと見つめてきた。

内宮門前町の一角にはおかげ横丁がある。

江戸期から明治にかけての伊勢路に点在していた代表的な建築物が移築、再現され伊勢志摩ならではの食べ物屋やお土産屋が立ち並ぶ。

土産物選びや食事などはあとで！　などと考えずに、〝おかげさま〟の気持ちを持って

年中にぎわいを見せるおはらい町通り

ここ、おかげ横丁で揃えてしまうのが得策だろう。

月讀と月夜見

伊勢の旅は続く。次に詣でたいのが月《つき》讀宮《よみのみや》である。私が別宮の中で一番、心奪われる宮は実はここだったりする。

そのパワーとオーラは、さすが内宮域外の別宮最高位だけのことはある。ここに祀られているのは、アマテラスの弟の月讀《つきよみ》（ツキヨミ）である。

アマテラスが明るさの象徴なら、弟の

ツキヨミは蔭の象徴とされる。〝天下を照らす神〟に対する〝月を読む神〟は、暦や月齢を数えるとされる。考え方によっては、人それぞれの人生の歩み、誕生から死までを決定付ける力を持つ神ではないかと感じるのだ。月讀の〝讀《よみ》〟、これは黄泉《よみ》の国、つまり死の国の支配者とも考えることができる。アマテラスとの姉弟仲違《なかたが》いは、『日本書紀』の第五段第十一に見ることができる。

まだ神が天から下る前、アマテラスからツキヨミは保食神《うけもちのかみ》（ウケモチ）と対面するよう命ぜられた。そのときウケモチは口から飯を出したので、ツキヨミは「汚らわしい」と怒り剣で刺し殺す。その死体からは牛馬や蚕、稲などが生まれ、これがそれぞれ穀物の起源となるという話だ。

アマテラスはその凶行を聞き、「汝《なんじ》、悪《あ》しき神なり」と怒り、以来日と月とは一日一夜、隔て離れて住むようになったというのだ。これが「日月分離」、姉弟仲違いの理由だという。

だが『古事記』では同じく食物神の大宜津比売《おおげつひめ》を殺すのはアマテラス、ツキヨミの弟、スサノオの役目なのだ。『古事記』の中でツキヨミは、誕生の項以外ほとんど出てこない。そんなことから、ツキヨミとスサノオを同一神と見る向きもある。

4つの宮が立ち並ぶ月讀宮

スサノオといえば、アマテラスの逆鱗に触れて出雲の国に追放される。出雲は黄泉の国がある場所。〝黄泉の国〟に行ったスサノオの〝黄泉〟が、〝ツキヨミ〟の〝ヨミ〟と同一視されるゆえんでもある。

さ、月讀宮だが、敷地内には4つの内宮の別宮が建っている。

アマテラスやツキヨミの親神を祀った伊佐奈岐宮《いざなぎのみや》、伊佐奈弥宮《いざなみのみや》。ツキヨミは『古事記』では、イザナギが黄泉国から逃げ帰って禊《みそぎ》を行なったときに右目から生まれたとされ、もう片方の左目から生まれたのがアマテラス、鼻から生まれたのがスサノオで、この三神を〝三貴神〟

とするが、『日本書紀』では、三神はイザナギとイザナミが現実的に生《な》した子供ということになっている。

ここは参拝の順番が実は難しい。4宮が並んで建つが、右から順でも左から順でもない。

まずは月讀宮だ。鳥居を向いて右から2番目の宮がツキヨミの宮。そして次に向かうのは、そのツキヨミの荒魂を祀る宮である。向かっていちばん右に建つ。この月讀荒御霊宮の氣は何ものにも負けない思い、ライバルに競り勝とうとする強いパワーを秘めている。どちらかといえば、人間的な氣を放っているのだ。そして両親とされるイザナギ、イザナミの順に詣でる。父イザナギは月讀宮の左隣、いちばん左端が母イザナミである。

月讀宮は内宮の別宮だが、外宮の別宮に、同じくツキヨミとツキヨミの荒魂を祀る月夜《つきよ》見宮《みのみや》がある。こちらは月讀ではなく月夜見なのだ。ここは外宮の別宮としては多賀宮、土宮に次ぐ3位で、先ほど拝した風宮より実は上位にランク付けされる神社である。

月夜見宮の右に建つ高河原《たかがわら》神社は、宮川の高河原といわれた土地の開拓の守護神で、ツキヨミの荒魂はここにも祀られている。本来は月讀と月夜見は、今では同一神とされるが、元は別々の氏族に祀られていた別神だったともいわれる。それも月讀は男性神で、月夜見は女性神だったという。

内宮の月讀宮は中臣《なかとみ》氏が祀る。『皇太神宮儀式帳』という書物によれば、「月讀命。御形ハ馬ニ乗ル男ノ形」とあり、『古事記』には夜の食国を治めるように指示され、男性の食物を司る神とされている。九州南部にいた隼人族は、月神信仰をもっていて各地で月讀を祀っている。そういえば京都の松尾大社、これは〝まつのお〟と読むのだが、ここの摂社、月讀神社のパワーも強い。乱れた心が拝するだけで落ち着きを取り戻すという氣を発散させているが、ここの本社は長崎県壱岐《いき》にある月讀神社。

一方の外宮の月夜見は、度会《わたらい》神主によって祀られたもの。度会神主は元、京都の丹波でトヨウケを奉った丹波国造家の一族だ。度会神主が丹波からトヨウケと月夜見を伊勢に遷した。ここにも月神信仰があるが、これは陰陽思想で女性の象徴とされる月であり、そこから女性神としてのツキヨミとされたのだ。そのため、月夜見は女性の保食神であるトヨウケと同じとみるようになった。だからこそこちらは外宮にあるとされるのである。

ほんとうの伊勢神宮はここ!?

倭姫宮《やまとひめのみや》は内宮の別宮。ここの祭神、ヤマト姫は第11代垂仁《すいにん》天皇の第四皇女でヤマトタケルの叔母とされ、アマテラスを祀る宮を定めるために奈良県の大和国から、数国を経たあと、現在の伊勢神宮を創建したとされる。祭祀や神職、摂社や末社、御料《ごりょう》など神宮の基礎を作ったのがこの姫だといわれているのだ。

摂社、末社などという言葉は、神社を回るとよく出てくる。

伊勢神宮などは境内の外にも摂社、末社が祀られているのだが、通常は境内の中に祀られる本殿以外の小さな社を摂社、末社という。先にもちょっと述べたが、摂社は本殿に祀られている神に関係する神や、その土地の地主神などを祀った社で、その基準に当てはまらないものが末社という。さらに摂社のほうが末社よりも上位とされる。

御料は、天皇が使用する衣服や器、飲食物などをさす。そこから天皇（皇室）及び幕府などが、直接支配した土地を御料所《ごりょうしょ》とよぶのだ。これらの決まりを作ったのがヤマト姫だとされるのである。この倭姫宮には、生きていることへの感謝が湧き上がってくるような力がみなぎっている。困ったことがあったり、どちらがいいか決めかねているようなときこそ、ここに訪れてみるといい。結果がすぐに出てきたり、思い浮かんできたりすることが多いからである。

人間、迷いはつきものだ。とことん悩んでも答えが出ないときには、ヤマト姫に伺いを立てる気持ちで訪ねるのがいいだろう。

倭姫宮から瀧原宮《たきはらのみや》、伊雑宮《いざわのみや》へ参るコースも掲げておきたいが、倭姫宮から車で瀧原宮は40分ほど、そこから伊雑宮へはさらに1時間ほど要する。瀧原宮はヤマト姫が、大和の国からアマテラスを祀るため、伊勢まで旅した最後、つまり伊勢神宮にアマテラスを鎮座させる直前に祀っていた社。いわば最後の〝元伊勢〟ともいうべき所。さらに伊雑宮においては、〝ほんとうの伊勢神宮はここにある〟という話もあるぐらいのパワーを放つ。

ここを訪れると、自分の中にある反省すべき点を教え、ただしてくれる。けれどももっともっとすごいのはこのあとなのである。

襲われそうな緊張感、ここぞパワスポ！　天岩戸

「もっともっとすごい場所」——それは、伊雑宮から神宮への帰り道にある天岩戸である。ある意味、大和からヤマト姫が宮を転々とし、伊勢に到達するまでにアマテラスが隠れた、または身を隠さなければならなかったとするなら、最後の〝元伊勢〟とされる場から近いここに天岩戸とよばれる場所が存在していても、なんら不思議ではない。

そこは志摩半島のほぼ中央。逢坂山中腹の恵利原《えりはら》地区に湧き出ている恵利原の水穴《みずあな》とよばれる湧水の湧出地があり、湧出口は直径50センチほどの洞窟になっている。日量は400トン、常温14度、奥行きは約10キロあるといわれ、それは北西に位置する伊勢神宮に届くという。

ここのパワーは並外れているからルートに入れておきたい。もしも瀧原宮、伊雑宮までの時間はとれなくても、ここは倭姫宮から車で20分ほどだから是非寄ってほしいのだ。

水穴の洞窟前の本殿、横に建つ社は自然と跪《ひざまず》いてしまう圧倒的な氣を発散させている。腰が砕けるというのか、立ったままでは失礼に当たるという思いからなのか、何しろ

自然に座り込んでしまうような力があるのだ。

さらにここから300メートルほど山道を歩いてゆくと、風穴という場所がある。鳥居のある階段を上るとほどなく山道となり、人が一人やっと通れる程度の細道。5分ほど歩いて入った所だ。ここの雰囲気は独特で、後ろから何かに襲われそうになる一種の恐怖心、何が出てきてもおかしくないというような霊気が漂っている。誰かにどこかから見られているような緊張感に襲われ、ただただ「お導きどおりに歩いていきます」と拝むのがやっとだった。

祝詞を上げながらも声が上ずり、「助けて」と叫びたいほどのパワーなのだ。まだ周囲は明るいのに、早く元の場所に戻りたいと思う衝動にかられ、もと来た道を何度も後ろを振り返りながら急いだ。たった5分ほどのはずの時間がやけに長かった。水穴を伝って作られる滝まで戻ってきてやっと落ち着きを取り戻し、それが満足感に変わっていく。

私はこの体験から大きなパワスポと、そうではない場所の違いをよく感じるようになった。自分の小ささや思い描いている事柄のちっぽけなことを教え込まれた気がした。

ここは伊勢道路から天の岩戸と記された鳥居を入って、しばらく車を走らせると到着する。ここを訪れるには車がないとちょっと不便である。倭姫宮から天岩戸まで車なら20分で到着なのだが、電車だと途中の駅から歩かずタクシーを使ったとしても、優に1時間以上はかかってしまう。

私はいろんな場所で、神社へ向かうときはほとんど地元のレンタカーで小回りの利《き》く小さな車を借りて走るようにしている。歩くには時間が足りない！　と、思われるような神社や奥宮にも車があれば便利だし、天気の急変などにも心強い。荷物を入れっぱなしにしておけることもうれしいし、それこそ車内で正装に着替えるなんていうこともできよう。

車の運転ができない場合は、免許を持っている友人や家族と一緒に出かけるもよし、案外いいのはタクシー、ハイヤーの貸切。その際は、乗車する前に必ず「ここと、ここ、そして、ここを回って○時まで駅に」とか、「○時まで宿に戻りたい」などしっかり交渉し、値段も最初に決めてしまうこと。女子旅や友人同士で回るときなどは割り勘にしてしまえば、格安でスムーズにパワースポットを回ることができよう。地元の運転手さんならではの、思わぬ隠れたスポット情報をキャッチすることもできるかもしれない。

伊勢エリアのパワスポ神社マップ（広域）

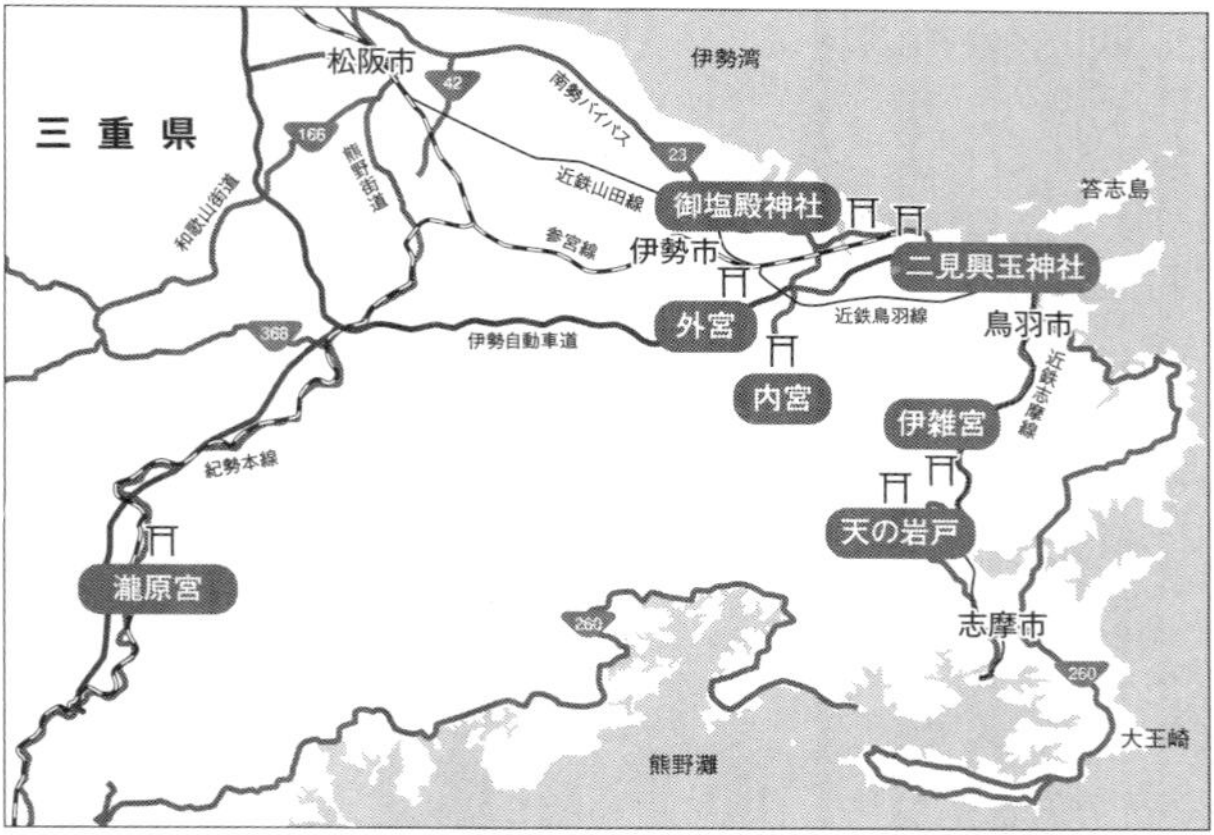

伊勢神宮周辺のパワスポ神社マップ

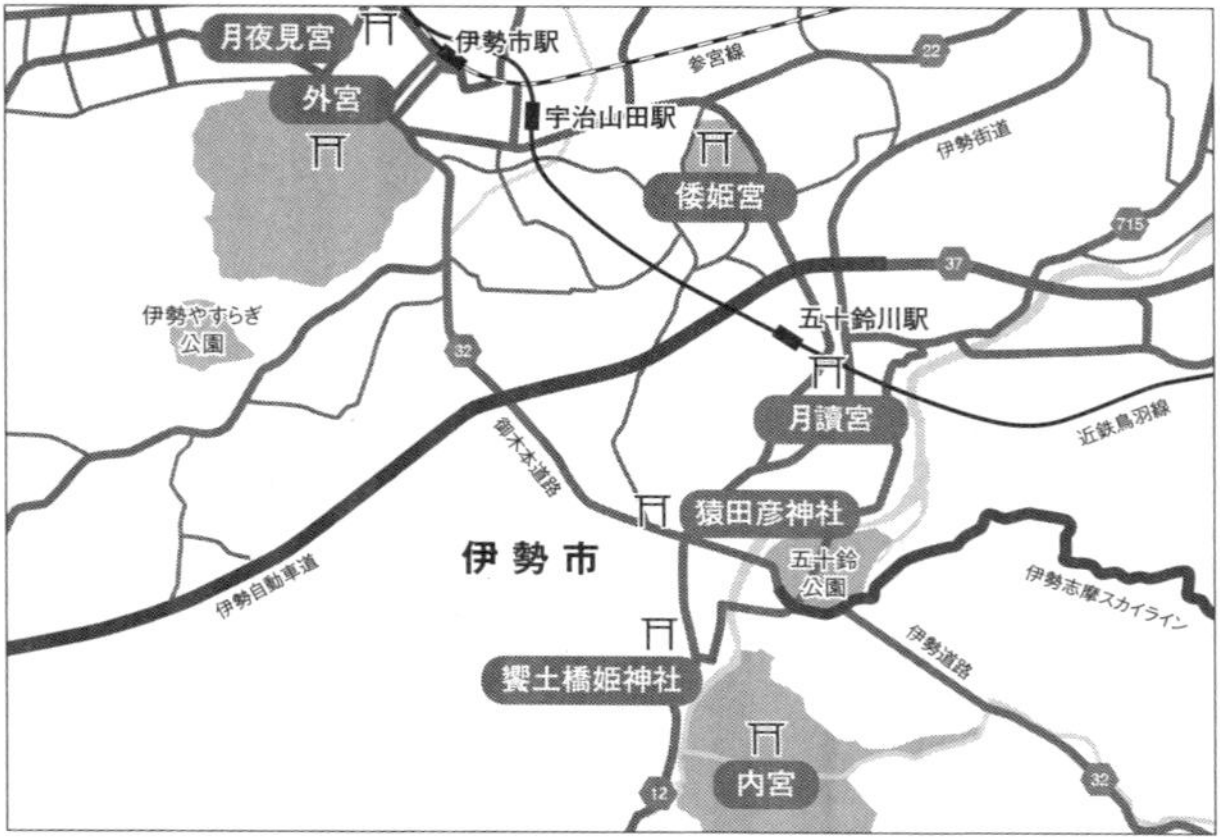

氣を張り上げる神社

名古屋方面に電車や車を走らせるのなら、もう一カ所だけ、鈴鹿《すずか》市に鎮座する椿大神《つばきおおかみ》社《やしろ》に立ち寄ることをすすめたい。

実はここそが伊勢国の一宮なのだ。椿大神社はサルタヒコとその妻、アメノウズメを祀る総本宮である。この神社の名の〝椿〟という字は、木へんに春と書く。つまり、ここには「木（氣）を春（張り上げる）」という言霊《ことだま》が働いている。言霊とは日本の言葉に宿るとされる霊的な力をさす。だからこそ言魂とも書く。日本は言魂の力によって幸せがもたらされる国なのだ。その意味からも、この社のパワーは全開なのである。

この神社の創始は紀元前3年と伝わるから、日本最古の神社のひとつだといえよう。二見興玉神社や伊勢内宮に近い猿田彦《さるたひこ》神社に祀られるサルタヒコは、道案内の力が大きく発せられるが、こちらはそれにとどまらず、同じ道でも人生の道、わが魂の歩む道を邪魔する力を抑え込み、地上すべてを総括するパワーを発散する。

ここの御手水には、カエルが据えられている。よく言われる〝若ガエル〟や〝無事にカエル〟だけではなく、カエルはおたまじゃくしから手や足をのばして姿を変える。そこから自由自在、状況に応じて臨機応変に対応する柔軟性を持ち、物事がうまく運ぶ人生を歩ませてくれるパワーを醸していている。仕事も恋も自分の力で自由自在？　そんなエネルギーを与えてくれる。

境内の別宮、椿岸神社《つばきぎしじんじゃ》がアメノウズメの総本宮。サルタヒコの妻神であり、天戸開きの神話の中で踊りを披露したと伝えられる芸能、芸術の祖。芸の道を歩く人への〝おかげ〟を授けるため、芸能関係者の参拝も多い。ズラリと芸能関係者の赤い名札が奉納されている。八代亜紀《やしろあき》、由美《ゆみ》かおる、愛川欽也《あいかわきんや》、うつみ宮土理《みどり》、吉幾三《よしいくぞう》、水谷八重子《みずたにやえこ》、藤《ふじ》あや子などなど……。これらの道を志《こころざ》す人にとってはスルーできないパワスポのひとつである。実はそのひとつに合田道人、私の名前の札もあるので見に行っていただきたい。

私はここの本宮、別宮の神前まで上げていただき拝ませていただいたことがあるが、そこには凛《りん》とした空気が漂う。さらに別宮本殿右にある〝かなえ滝〟は、その名のとおり、望みが叶うパワーを発する。写真を撮って持ち歩くだけでも夢が叶うといわれるエナジーパワーは強い。

第3章

出雲大社編

出雲大社に入ったら本殿の前に！

さあ御遷宮のもうひとつの舞台、出雲大社《いずものおおやしろ》へと赴こう。島根へのスピリチュアルな旅は伊勢神宮参拝の素晴らしさに勝るとも劣らない。伊勢の神は天から降りてきた、いわば超越した神秘性を感じさせるというのなら、出雲は同じ神秘でも、どこか人間臭さを残している。そのパワーは全く別物なのに、それぞれ光り輝いている。

10月にはすべての神が出雲大社に集結するとされる。だから10月を神無月とよぶのだが、この月を島根、出雲でだけは反対に神在月とよぶ話は冒頭で少しだけした。

ではなぜ、神が集まる地が出雲なのか？　なぜ出雲でなくてはならないのか？　これは日本における不思議な謎である。きっと深い意味があるはずなのだ。

考えられるのは、全国の神がわざわざ集まるぐらいなのだから相当強力な、または恐い存在感を持つ神ではないかということ。そういえば神道は、大和系と出雲系に分かれているし、アマテラスが〝日の神〟に対して、こちらは出る雲と書いて出雲。それは日を曇《くも》らせる存在という意味にもとれる。出雲を死の国、悪神とする見方もある。

だからこそ、伊勢と出雲が同じ年に遷宮、いわば神が舞い降りる年が重なる２０１３年をないがしろにはできないのだ。私は遷宮前にも出雲を訪ね、その沸々《ふつふつ》とわき立つような独特なパワーに驚かされた。その氣はパワースポットといったものを超えた力量だったし、伊勢で感じ取った力とは異質なものだった。

神話の中ではアマテラスの御子《みこ》、つまりのちの皇家へ国譲りをしたという出雲のオオクニヌシの神が祀られるのが出雲大社だ。これを考えると、天の国にいた皇族の祖先とされる神々が地上へと降りてくる前の世の中を束ねていたのが、オオクニだったといって差し支えない。おそらく日本国を支配していたオオクニとの戦いの末に、アマテラス軍が勝利を収めたという見方でよいのだろう。

オオクニは国造りの基礎を担った神なのだ。同時に縁結びの神様としても崇められている。それはオオクニがいろいろな名前で各地に祀られ、その場所その場所に妻がいたことによる。浮気者というよりは、なかなか女にもてた神様だ。だからこそ恋愛の神、縁結びの神となった。縁結びイコール結婚ということから、女性の参拝が非常に多いのが、出雲大社の特徴ともいえよう。

そんな出雲大社の現在の本殿は文化６（１８０９）年に造営されている。その後、明治

14（1881）年、昭和28（1953）年と3回の遷宮を経、平成25（2013）年5月10日に60年ぶりの平成の大遷宮が執り行なわれた。

とうとうあなたもその出雲大社の鳥居の前に着いた。

鳥居は本殿に到達するまで4つもあり、威厳を感じさせる。まず一の鳥居は高さ23メートル、額束《がくづか》の大きさが畳6畳分という。その高さ、大きさは驚愕に値する。駐車場は2つめの鳥居の近くにも御本殿裏手のほうにもあるが、ゆっくり参拝するなら吉兆館の無料駐車場に車を止め、堀川に架かっている宇治橋を渡って第一の鳥居からくぐって行くべきである。ただし駐車場が満杯だったり、時間がない場合として一の鳥居を車に乗りながら心で「通ります」と一礼して通りすぎ、交通広場の無料駐車場に止めてから第2の鳥居、そして勢溜《せいだまり》の大鳥居へという道順でもいいだろう。

縁結びの大神として知られるオオクニだが、ここを祈る場合も、〝○○をよろしく〟などというケチな願いは吹き飛ばしたい。オオクニ、大国主命の〝国〟とは、集団を意味する。そうなれば、この神社にやっとたどり着き出会えた私たちは、集団の彌栄《いやさか》（ますますの繁栄）を祈るべきなのである。

その集団とは夫婦であり家族であり、友人、級友、恋人であり、仕事の仲間や旅仲間などだ。自分一人の幸せではなく、最終的には国家の幸せをも祈るような気分でお参りすることが、ここでは重要なのである。そんな大きな心持ちで生きてゆくこと、生かされていることに感謝すると、自然と自分の願いも聞き入れられるはずだ。

鳥居の向こうは神の領域である。参道に入る。鳥居をくぐるときの作法、参道を歩くときの決まりはすでに学習したとおりだが、ここの本殿への道は下《くだ》っている。普通、本殿は高い所にあるものなのだが、稀《まれ》な作りになっているのだ。少し行くと右手に祓社《はらえのやしろ》が見えてくる。ここが大事!!

瀬織津比売神《せおりつひめのかみ》（セオリツ姫）、速秋津比売神《はやあきつひめのかみ》（アキツ姫）、気吹戸主神《いぶきどぬしのかみ》（イブキドヌシ）、速佐須良比売神《はやさすらひめのかみ》（サスラ姫）の祓戸大神《はらえどのおおかみ》4神を祀っているが、ここでまずは知らぬ間にまとってきてしまった罪を、すべて祓い落とす必要があるのだ。

立ち止まって見ていると、ここをだまって通り過ぎて行ってしまう人がやたらに多いことに気づく。ここで禊祓いを済ませなくては、せっかくの出雲大社詣でも水の泡なのである。できればここで、先の祓詞《はらえことば》、そう、祝詞《のりと》を上げたいぐらいだ。祓詞のひとつにこの4柱への、まさにぴったりのものがあるので、ここに掲げておく。

祓詞《はらえことば》

掛巻《かけまく》も畏《かしこ》き　瀬織津比咩神《せおりつひめのかみ》　速秋津比咩神《はやあきつひめのかみ》　気吹戸主神《いぶきどぬしのかみ》
速佐須良比咩神《はやさすらひめのかみ》の大前に白《まお》さく
萬《よろず》の柱事罪《まがごとつみ》 穢《けがれ》を祓《はら》ひ賜《たま》ひ清《きよ》め給《たま》へと乞祈奉《こいのみまつ》る事の由を
走出《はせいづ》る駒《こま》の耳彌高《みみいやたか》に聞食《きこしめ》せと恐《かしこ》み恐《かしこ》みも白《まお》す

さらに社殿に向かって右奥にあるひょうたん形の〝浄《きよめ》の池〟にも寄って、心のお清めをしてから参道をまっしぐらに進んで行こう。

実は参道とは、「賛同」であり、「産道」でもある。祈りを捧げ神の思いに賛同し、罪や穢れを振り落としながら新たな出会い、新たな人間への精神的生まれ変わりを施す。つまりはこの世に誕生する産道、産みの道なのである。無邪気で明るく、素直なあの赤ん坊と同じような姿で神に出会いに行く必要があるのだ。

3つ目の鉄製の鳥居をくぐり抜けると、今度は立派な松並木となる。参道が真ん中と左右の道に分かれているが、絶対に中央を歩いてはならない。

少しずつ出雲大社の拝殿、本殿が見えてくる。

そこを抜けると今度は左右にオオクニの銅像がある。向かって左は白兎《しろうさぎ》への慈愛を感じさせる像。神話「因幡《いなば》の白うさぎ」である。この像は過去の過ちを包み込んでくれる、ぬぐってくれるやさしさがあふれているスポットなので、心からの感謝を述べたいものである。

オオクニが背負う袋、私の『案外、知らずに歌ってた　童謡の謎』（小社刊）でも取り上げた唱歌「だいこくさま」にも歌われる、♪大きな袋を肩にかけ……の袋だが、この大きな袋に入っている中身をご存知か？

意地悪な兄神たちが、オオクニだけに持たせた袋には、私たちの苦難や悩みが詰め込まれているのだ。それをオオクニが代わりに背負ってくれている。自分が元気でここへ詣でに来られたことを素直に感謝する絶好の場所なのである。苦しみや悲しみが軽減されているのは、オオクニが袋の中にそれらを背負ってくれているからなのだ。

「ありがとうございます。おかげで私はこんなに元気です」とか「こんなに幸せです」といったお礼の心で手を合わせるなり、一礼することが肝要だ。また、悩みを軽減させてもらうためにこの場を訪れた人は、ここで「どうぞお願いします」と手を合わせておくべきなのだ。

右手のほうの像は大きなオオクニが跪《ひざまず》き、向こう側にある金色の玉に両手を上げているポーズになっている。これは〝ムスビの御神像〟といわれている。オオクニが海神から幸魂奇魂《さきみたまくしみたま》の〝おかげ〟をいただいたことによって神性が養われ、〝結びの大神〟となったとする神話の一場面の像だ。

次は御手水だ。ここも学習どおりに手と口をすすいでから一揖《いちゆう》し、いよいよ最後の鳥居をくぐる。この鳥居は銅でできていて、銅製の鳥居としてはわが国最古のもの。鳥居を触ると金運がついて、お金に不自由しなくなるといわれる。これは試して損なし！　そして、鳥居をくぐるときに、自分の住所と名前を言うことを忘れないように！

いよいよ境内である。正面に出雲大社の拝殿が出迎えてくれる。

２０１３年5月までは平成の大遷宮のため、祭神のオオクニはここに遷《うつ》されていたが、今は遷宮も終了し、その拝殿後ろに八雲山の緑に抱《いだ》かれるように本殿が神々しく建っている。空を衝《つ》くような圧倒的存在感を持つ。

瑞垣内《みずがきうち》へ通じる扉、八足門《やつあしもん》前で二礼四拍手一礼だ。そうである、四拍である。参拝に訪れることができたお礼を述べたうえで、願い事を言うとよい。

ムスビの御神像（手前がオオクニヌシ）

証拠品続出！古代出雲の全貌

八足門の階段の下に、大きな円の中に3つの赤い丸が置かれたタイルが敷かれている。これは平成12（2000）年になって発掘された古代神殿の柱跡があった場所なのである。中古の出雲大社が、いや古代の神話が現実化した一大発見の証拠品だけを目の当たりにするだけでも価値がある。そのスケールの大きさから、強い氣を受けることができる。

えっ？　中古の出雲大社を現実にした大発見とは、一体何をさすわけ？　何が起こったというのか？

実は出雲大社は太古、48メートルの高さの建物だったと伝えられてきた。しかしそれは作り話、空想の中の話として扱われてきたのだ。〝桃から生まれた〟「桃太郎」や、月に帰ってゆく「かぐや姫」にも似た〝御伽噺《おとぎばなし》〟のひとつとして見られていたのだ。そんな聳《そび》え立つような高さの神社など技術的にも無理だろうし、何よりもかなりの強大な権力がこの地にあったと証拠付けられない限り、それは信じがたかったわけだ。その証拠となりそうなものは、それまで全くなかったのである。現に権力を象徴するという古墳の大きさも、仁徳《にんとく》天皇陵や応神天皇陵とされるものと比較対象にならぬほど小さかった。それが1980年代になって、出雲地方の歴史を塗り替えるような発見が相次ぐのである。

まず昭和59（1984）年、出雲市の荒神谷《こうじんだに》遺跡で大量の銅の剣が見つかった。それまで日本全国で発見された銅剣は全部で300本ほどだったのに、ここの一カ所だけから一気に358本もの銅剣が出土したのだ。さらに翌年にはその場所からわずか7メートルの谷底で銅鐸、銅矛が出土。平成9（1997）年には、雲南市の加茂岩倉《かもいわくら》遺跡から49個の銅鐸が見つかった。

この常識を覆《くつがえ》す発見に次ぐ発見は、ズバリ！　弥生時代から出雲には大きな勢力が存在していたという裏付けとなったわけである。

そこに例の2000年の柱跡の発掘である。出雲大社が48メートルであっても不思議ではないという事実が私たちの目の前に突然現れたのだ。八足門前の地下から直径135センチの杉の巨木を3本束ねて鉄の輪で結んで1本の柱とした巨大な立柱（建物の中心に立つ心御柱《しんのみはしら》やそれを囲む宇豆柱《うずばしら》、側柱《かわばしら》）が見つかったのである。これで古代の高層神殿の実在が証明されたといってよかった。出雲大社の隣接地にある島根県立古代出雲歴史博物館では、この実物や古代神殿の十分の一の模型が展示されており、それを見るだけでもワクワクしてくる。

しかしながら、一方で高いがゆえの悲劇もついて回った。当時の書物には平安時代から鎌倉時代までの200年間のうちに7回の転倒が記されている。これが単なる高層建築の倒壊なのか、台風や竜巻などによる自然現象によるものか、何者かとの戦いの末の転倒なのかははっきりとしないが、大和朝廷の力が増す一方で、地方勢力の衰勢を物語っている気がするのは私一人ではあるまい。

素鵞社は忘れるべからず！

出雲大社の神座は、正面から見ると横を向いている。神座が左側、西を向いて鎮座しているのだ。これに対し、〝出雲の神は悪神だったため、大和系が一般の人々に参拝させないためにそうした〟と理由づけしている本があるが、それは見当違いだろう。

これはおそらく、朝鮮半島や大陸など海の向こうの国を見つめているのだ。まるでそれは海の先からの侵入者を監視しているかのようだ。

監視といえば、ここの社も忘れてはいけない。本殿参拝が終わって、必ず詣でるべき社が、本殿の背後に建つ素鵞社《そがのやしろ》だ。

ここはオオクニの祖神であり、アマテラスの弟神であるスサノオが祀られているのだ。鎌倉時代から江戸初期まではスサノオこそが出雲大社（当時は杵築神社といった）の祭神だったのである。それが〝寛文の御造営〟とされる1667年のとき、現在の場所に遷ったのだ。本殿より一段高い場所からまるで本殿を見守っている、いや、見下ろしている感じがする。同時に、監視している気もする。

昼日中であっても霊氣がほとばしっているためか、そこだけやけに薄暗く感じる。ここで一心に拝むことによって、一層大きな願いを叶えられるパワーを与えられるから、確実に心してお参りしたい。

スサノオが見下ろすパワスポを超越した神社としては、あとで紹介する日御碕《ひのみさき》神社もあるが、出雲大社の大事な摂社末社をまずは回っておこう。

ここには境内外合わせて23社の摂社末社があるが、祀られている神様には大和系の神も多い。これもまた、出雲の大神をここから出さぬための監視であるという話を聞いたことがあるのだが、さて？

そんな中で独特のパワーを振りまいているのが、末社の十九社《じゅうくしゃ》だといえよう。本殿の東西に対で位置するこの社は神在祭のとき、つまり八百万の神たちが出雲を訪れる間、宿泊されるという社だ。神様たちのホテルということになるが、東西ともに19の扉があって、滞在中の7日間はすべて扉が開かれる。この一週間以外に参ると扉は閉められているが、年に一度、人々の縁を司るために神々が集い、お休みする所と知って手を合わすと、自然と自分に一番合った神様が微笑《ほほえ》んでくれることに気がつく。

出会いを決める会議場の宮

よく、ここからご朱印帖をスタートさせたい、または次のご朱印帖として出雲さんのものを求めたいという人がいる。

御守所で「ご朱印帖はございますか？」と訊ねたら、「こちらには置いてありません」と答えが返ってくる。そこでがっかりして帰路についてしまう人が多いようだが、実際はこの境内を神楽殿の方向に一度出てすぐの売店に、しっかりと〝出雲大社〟の名が刺繍《ししゅう》されたご朱印帖が売られているから、それを求めてからふたたび境内に入って、ご朱印をいただくといい。

神楽殿は出雲大社を象徴する大きな注連縄で有名だ。長さ13メートル、重さは5トン。注連縄の締め方が一般の神社と反対なのが特徴だ。始めが左で終わりが右なのである。この注連縄にお金を投げて、そこにお金が挟まると願いが叶うという話が広がっているが、それはとんでもないデマ。神様に対して失礼に当たるどころか、金を狭むために何度も投げては落とすのでは、縁（円）を投げ捨てることになる。さらに周囲の人の迷惑にもなるから絶対に控えなくてはならない。

神楽殿では参拝者のご祈禱が行なわれる。楼門前まで進んでの正式参拝は通常では叶わないので、丁寧な参拝法としてご祈禱がある。銅鳥居を抜けて左手奥、先ほどいただいたご朱印の場所の向かいにある庁舎、〝ちょうしゃ〟ではない、〝ちょうのや〟で申し込むこと。


家内安全や受験合格、厄除けなど具体的なお願い事だけではなく、人生の節目ごとや転機に訪れてご祈禱してもらうのがいい。しかし、あなたが出雲大社に来ることができた、つまりここに〝およばれ〟したということ自体が確実に人生の節目、転機ともいえる。感謝の気持ちと今後のすべての縁をお願いしてご祈禱を受けてみることをすすめる。

最低5000円から受け付けてもらえるし、神主の祝詞奏上で神様に取り次いでもらえるのはありがたいことである。だが「さすがに出雲までは遠くて」「時間がなくって」という人は郵送でご祈禱を申し込む方法がある。住所、氏名に数え年を書き、ご祈禱の内容を添える。やはり一件5000円から受け付けてくれるので、お試しいただければ。

神楽殿の横の掲揚塔には、日本一の大きさの日の丸が掲げられている。塔の高さ47メートルも日本一だし、旗も75畳分の大きさだ。ここは日本であるし、日の丸を見ても別に珍しいとは思わないはずなのに、なぜかこの光景に胸が熱くなってくる。

出雲の大神こそ、日本を最初に作ったのだ！　と実感させてくれるパワーが、風にはためく日の丸を通じて大志を抱かせてくれる。ここにも自分が生きている感謝、生かされている感謝に思わず手を合わせてしまう。空いっぱいに、風にのって実にいいパワーがうごめく。

これはうちの妻の話だが、彼女が遷宮後にここを訪れたとき、青空の中、雲がまるで生きる龍のように風によって動く光景を目の当たりにして、何度も鳥肌が立ったという。晴れ晴れとした心持ちと言葉で言い表せない感動の力の渦が、この大社には躍動しているのだ。

境内の外にある摂社や末社にも詣でたいパワー全開の場所がたくさんある。

幸魂奇魂像の東200メートルほどにある境外摂社、命主社《いのちぬしのやしろ》は、神話でオオクニが意地悪な兄神たちによって一度殺されたときに甦《よみがえ》らせた母、カミムスビを祀る神社。そこに立つムクノキの根張りは非常に雄大だ。ここの木に触れると何ごとにも粘り強くなるパワーを与えられる。まさに〝根張《ねば》り〟なのである。特に勝負運、あと一歩というところの勉学や恋愛成就、病気快癒が期待できるから訪ねたい。

出雲大社境内図

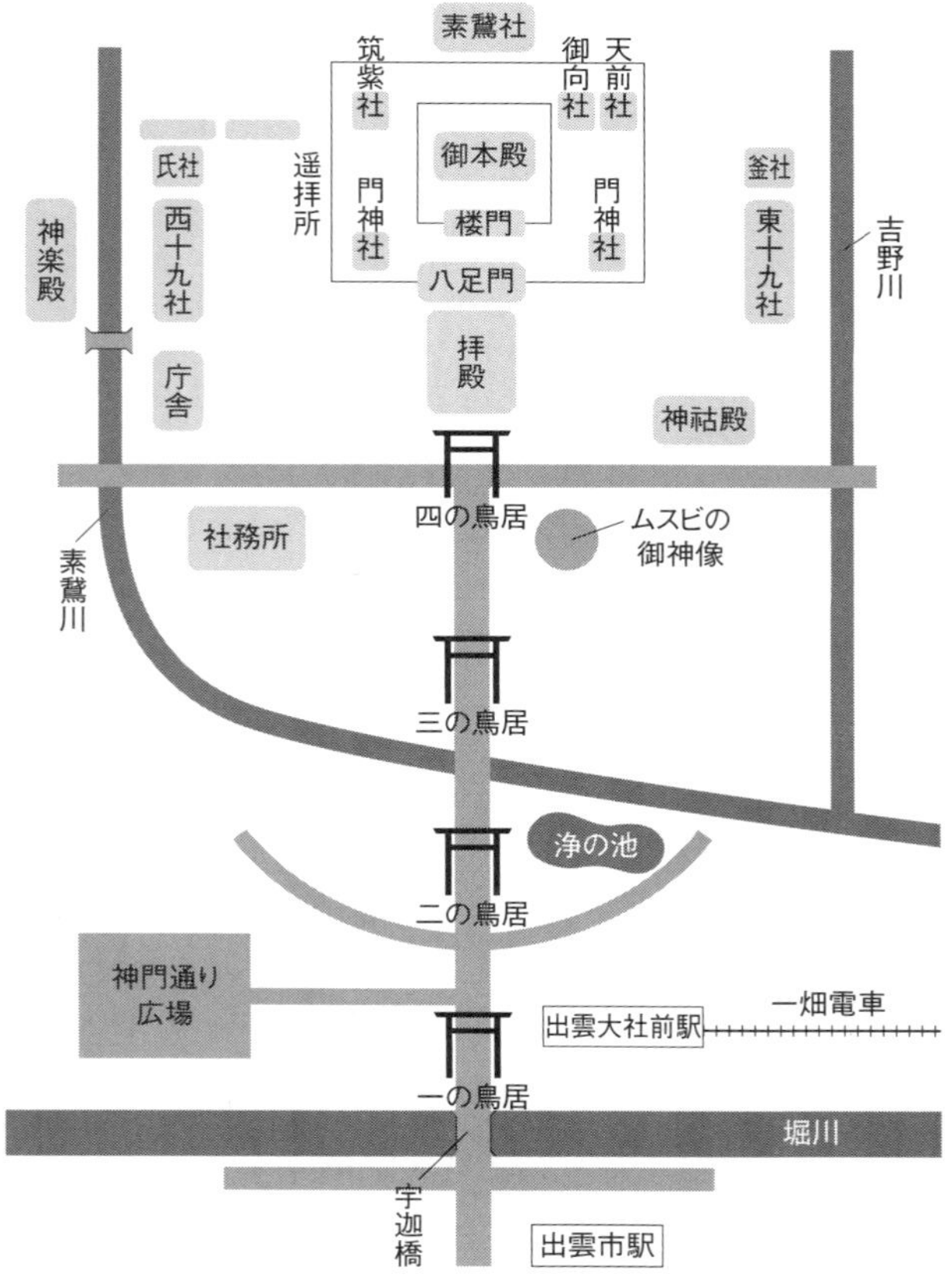
素鵞社
筑紫社
御向社
天前社
御本殿
遥拝所
門神社
楼門
門神社
八足門
氏社
西十九社
神楽殿
釜社
東十九社
吉野川
拝殿
庁舎
神祜殿
四の鳥居
社務所
ムスビの御神像
素鵞川
三の鳥居
浄の池
二の鳥居
神門通り広場
一畑電車
出雲大社前駅
一の鳥居
堀川
宇迦橋
出雲市駅

神在月に八百万の神々が到着する神迎祭《かみむかえさい》の場所、稲佐の浜に向かう途中には、摂社の上宮《かみのみや》がある。ここはスサノオと八百万の神が祭神とされるひっそりした神社だが、ここの氣の強さもなかなか。

それもそのはず、全国の神が集まる旧暦10月の神在月の際の7日間、ここで人々のすべての縁を討議する〝神議《かむはかり》〟をするのだ。この場所で「あいつとこの娘を出会わそう」とか「この人にはこの仕事の縁を作るために、この人に出会わそう」とか神が決めるのである。ここでもしっかりと「いい出会いをお願いします」と手を合わせなくてはいけない。

上宮の奥にある下宮《しものみや》もささやかではあるが、アマテラスが祀られ、新しい日本作りをスタートさせた責任感と発想力がそのまま受けられる。

神が入る、稲佐の浜

稲佐の浜に着いた。出雲に国譲りをさせた建御雷之命《たけみかづちのみこと》（タケミカヅチ）が祭神とされる

よりパワーのいただける おすすめ出雲大社ルート

出雲大社

① 一の鳥居 → ② 二の鳥居（勢溜の大鳥居） → ③ 祓　社 → ④ 浄の池 → ⑤ 三の鳥居 → ⑥ 大国主命御神像 → ⑦ 御手水場 → ⑧ 四の鳥居（銅の鳥居） → ⑨ 拝　殿 → ⑩ 八足門（瑞垣内） → ⑪ 本　殿 → ⑫ 素鵞社 → ⑬ 西十九社 → ⑭ 東十九社 → ⑮ 神楽殿

近くに

- 命主社
- 上宮
- 稲佐の浜、因佐神社
- 万九千神社
- 日御碕神社

などあり

因佐神社《いなさのかみのやしろ》は、浜と道路を隔てた場所に建つ。

そして海に突き出た弁天岩の上に鳥居と小さな社が建ち、こちらに向かって神々しさを照らしている。

明治前までここには辨財天《べんざいてん》が祀られていたが、神仏分離で今は海神の豊玉毘古命《とよたまひこのみこと》（トヨタマ）が祀られるようになった。

この稲佐の浜で行なわれるのが、神在月の祭祀。実は八百万の神は神在月にここの海から出雲へと入ってくるのである。

旧暦10月10日、２０１３年でいえば11月12日の夜7時、真っ暗な闇夜の中、浜にかがり火が灯る。日本海の荒海で打ち上げられる背黒海蛇《せぐろうみへび》が、出雲へ集まる神々を先導する龍神だ。その龍神の導きによって、神籬《ひもろぎ》（神社以外の場所で行なう神事で、神を迎える依代《よりしろ》となるもの）の2本の榊《さかき》に神々が乗り移るとされる。火の燃える音と波音だけの静けさの中、禊《みそぎ》を済ませた神職の祝詞が流れる。その榊が絹で覆われ、そのまま神迎の道を出雲大社へと進むのだ。神楽殿で集まった神々を歓迎する神迎祭が行なわれ、東西の十九社に鎮まる。実に神秘的な祭りがここでくり広げられるのである。

翌日11日から17日（２０１３年は11月13～19日）まで神々は、上宮において神議《かむはかり》をする。

稲佐の浜にある弁天島。豊玉毘古命（とよたまひこのみこと）を祀る

そして神在祭のあと、旧暦17日に大社から神々は発《た》つ。神職が楼門に向かい「お発ち～、お発ち～」と唱えるのである。しかし神々は、その後も出雲の旅を続けるのだ。そして旧暦26日（2013年は11月28日）に、出雲の国から帰途につくのである。

それではこれからまだ紹介していない、神在月に神々が訪れるはずの出雲のパワスポ神社を、私が訪ねた中からいくつかお教えし、神秘の世界へいざなおう。

アマテラスを見下ろすスサの砂の威力

稲佐の浜から高さが東洋一とされる日御碕《ひのみさき》灯台方向へ、車かバスで約20分ほど。島根半島の西の端に小さく突き出た場所に、日御碕神社が建つ。真っ赤な楼門をくぐると正面に拝殿があるが、右の高台にも御殿が建っている。

正面の宮が下の宮、別名を日沈宮《ひしずみのみや》とよび、この祭神はアマテラスである。そして高台の上の宮こそが別称、神《かん》の宮。こちらにはスサノオが祀られているのだ。

アマテラスの弟、スサノオの日本総本宮はここだとされ、姉を下に従えて見下ろすという、実に珍しい神社なのである。普通は日の神こそがアマテラスであるはずが、ここでは日沈となってスサが上に鎮座する。これにはちょっと驚かされるが、よく考えればここにも出雲と大和の隠された戦いのなごりがあるのかもしれない。アマテラスの系譜は朝廷側からの見方で、この国では通じないとでもいわんばかりの豪壮さだ。

しかし「日沈宮」の由来は、創建の由緒が伊勢神宮の「日の本の昼を守る」に対し、日御碕神社は「日の本の夜を守れ」と勅命を受けたためだとされる。

出雲のパワスポ神社マップ

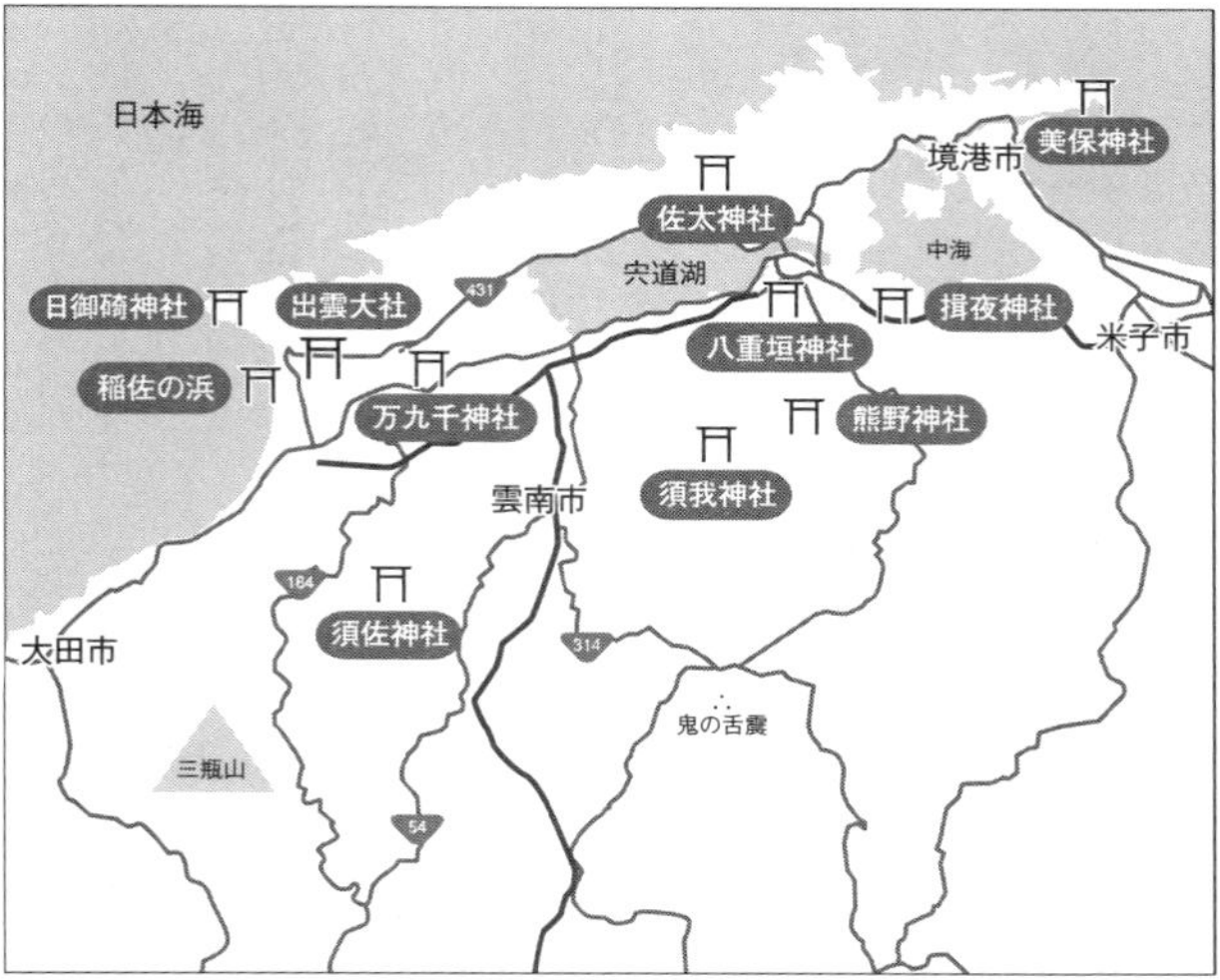

アマテラスを祀る日沈宮は最初、ウミネコの繁殖地でもある近くの経島《ふみしま》にあったという。経島の海底には遺構が発見されている。そこで行なわれていた夕日の祭祀の跡ではないかと考えられる。それが元慶《がんぎょう》4（880）年に起こったと記録される出雲国大地震の際、祭祀場は海底深く沈み、ここに遷されたと見る向きが強いのである。つまり、最初はスサノオだけが祀られていたのだろう。そのため、ここはスサノオの上の宮を拝したあとに、アマテラスの下の宮を詣でる。スサノオのパワーを意識しながら参拝することが肝要な所である。

ここのご利益のひとつに〝御神砂《おすな》〟というお守りがある。だがこれはいつもお守りなどを売っている場所には出ていない。ご朱印を頼んだあとにでも、「御神砂をいただけますか」と口頭で頼んでみると、神職が出してくれるという、お清め力抜群の神聖なお守りなのである。境内にはこの〝御神砂之碑〟がある。そこには、こう記されている。

「日御碕神社の御神砂は、古来地鎮祭の鎮めものとして用いられるが、この御神砂を東京都狛江市の堀田靖二氏が戴き、たまたま交通事故で瀕死の重傷の方々につけられたところ、一命を取りとめ医師も不思議がる程、短期日に全快し車酔いが治り、又病後回復促進に霊妙なお蔭を戴かれた方々が多数となったので、今度より普之日御碕大神の御霊現の程

日御碕神社上の宮へ向かう著者

下の宮（日沈宮）を拝してからご朱印と御神砂を

を世に顕揚せんとしてこの碑を建てるものである」

しっかりと拝んだあとに〝御神砂〟を頂戴したい。病いはもちろん、諸願成就に目に見えて効果を表してくれるものなのだ。〝御神砂〟は、常に身につけるようにすること。

勝手にめくれ上がる御幌

次はどこの神社を訪ねよう。何しろ出雲周辺にはパワースポットとよばれる神社が非常に多いのだ。宍道湖《しんじこ》の北側、地図上でいくと上側にある佐太神社《さだじんじゃ》は、私が不思議な体験をしたパワースポットでもある。

はじめて松江市鹿島町の佐太神社の境内に入ったとき、私はなぜかとてもうれしい気持ちになった。そして思わず「ありがとうございます。わあ、やっとお会いできました」と口にしたことを鮮烈に覚えている。

主祭神、佐太大神の〝サダ〟は島根半島一円の祖神《おやがみ》とされる。背後の山に包まれ、社殿が三殿並立するという独特な造りのバランスの中、しっかりとご神氣が立ち上っていたのだ。その神々しさはあまりほかでは感じられないものだった。

真ん中にある正中殿が佐太大神はじめイザナギ、イザナミほかを祀り、向かって左手の北殿にはアマテラスと天孫降臨したアマテラスの孫ニニギ、南殿にはスサノオと秘説四座が祀られていた。私が詣でたその日は、風のない晴天の日だった。

正中殿に進んだとき、なぜか御幌《みとばり》、そうそう暖簾《のれん》みたいなヤツ、その後ろの神様を拝んでみたくなった。気になってしょうがなかったのである。

だからといってそこには、仏像のような神像があるわけではないのだ。でもなぜだったのか、その御幌の後ろにある何かを目で見たかったのだ。そこで私は跪《ひざまず》いた。そしてちょっと覗き見ながら、祝詞を上げ出した。そのとたん、それは起こった。

まるで「はい、見たいのならごらんなさい」とでも言わんばかりに急に風が吹いたかと思うと、御幌が風で上に持ち上がったのだ。

いや、風でひらひらしているのではない。風でそのまま御幌が神殿のほうの天井へとめくられたままくっつき、動きもせずその姿を眼前に現したのだ。

私はびっくりしてしまい、神殿を見るのと読んでいる祝詞を見るのとで焦ってしまった。そして「かしこみかしこみもまをす」と祝詞を上げ終わり、「ありがとうございます」と大声で感謝を述べて礼をした瞬間、御幌はまるで嘘のように静かに下りたのである。同行したマネージャーと、顔を見合わせた。さらに北殿、南殿を拝してからご朱印をいただき、神社を出る際、一揖《いちゆう》のため振り返ったときだった。それは偶然では片付けられない。御幌が再び上がった。そしてまるで「また来なさいよ」と声をかけるように御幌は下りたのである。

ここは神在《かみあり》の社だ。イザナギが、妻のイザナミが亡くなった際、葬った場所は広島県と島根県の県境にある比婆山《ひばやま》だとされる。

その神陵を中世になってから、ここに遷したといわれている神社なのだ。

その神事が今なお執り行なわれ、出雲大社から「お発ち～」した神たちがここに集まってくるのは、母なるイザナミの墓参のためともいわれている。

神在祭や神等去出《からさで》祭で神前にお供えした餅と小豆《あずき》を煮た雑煮を〝神在餅《じんざいもち》〟というが、この〝じんざい〟がなまって現在の〝ぜんざい〟になったといわれている。この地方のお正月の雑煮は、砂糖で甘く煮た小豆に白い餅を入れる、そのまま〝ぜんざい〟が普通の雑煮とされているわけである。また古くから伝わる〝佐陀《さだ》神能〟は人類が共有すべき文化遺産

佐太神社の御幌

であるとして、ユネスコ無形文化遺産リストに登録されている。
何しろパワー抜群の社であることはお分かりいただけただろう。これまで私は、神社に入った瞬間に、なぜかとても会いたかったと思って、それを声に出したことはなかった。その思いが神に通じたのか？　と私は思いながら、ここを出た。

恐怖のスポット！　黄泉の国の入口神社

佐太神社から車で35分ほどで、黄泉《よみ》の国の入口とされる島根県松江市の揖夜《いや》神社に着く。

『古事記』では、母神イザナミは火の神を産んだときに女陰を火傷し、それが元で死ぬ。その遺体を埋めたのが比婆山《ひばやま》である。比婆山には熊野神社があり、奥宮へと進めば進むほどパワーが強力になるという。今度導かれたいと思う場所のひとつである。

さて夫のイザナギは、妻が死んだ後も会いたくて、死者が住むという黄泉の国まで会いにゆく。「一緒に帰ってほしい」と懇願するが、すでに妻は黄泉の国の食物を食していた。それは死の国の住人になってしまった証なのだ。現世に引き戻そうとすると、「一緒に帰ってよいか、ほかの神々に相談して参ります。どうぞここでお待ちください。でも絶対にその様子は見ないでください」と言い残し、イザナミは奥へと引っ込んでいった。

ところが「見るな！」と言われると見たくなるのが世の常。その死んだ妻神をこっそりイザナギは見てしまった。だが妻の体は蛆虫《うじむし》がたかり、８つの雷神をつけた世にもおぞましく恐ろしい姿に変貌していたのだ。その瞬間、イザナギは一目散に逃げ出した。だが、妻はそれに気づき、「よくぞ、私に恥をかかせたな」と、すごい形相で追ってくるのだ。

何とか現世に逃げ出したイザナギは、巨大な千引《ちびき》の岩を置き境界を張り巡らせた。イザナミはこちらまで追いかけてこられなくなった。

その永遠の別れを告げた黄泉比良坂《よもつひらさか》の場所について、『古事記』には「今の出雲の伊賦夜坂《いふやざか》」とある。それがこのあたりを指しているといわれているのだ。

揖夜神社の境内は、夏場でもどこかうすら寒い、ピシッとした空気に包まれている。拝殿奥の本殿までに階段がつけられ、注連縄の鳥居もどこか霊氣を感じさせるのである。

ここはへこたれそうになった心を元通りにするパワーを放つ神社でもあり、友人、恋人、取引先や仕事場の上司や部下などとしっくりいかなくなった場合、離れても何ら問題が発生しないときにはそう導かれる、縁切りの力を持った神社である。

パワーが強い神社はどこもそうだが、特にここは死の世界の入口のパワーを発するので、こちら側もそれ相応の思いで詣でるようにしなければならない。

池に浮かぶ半紙で吉凶を占う

黄泉の入口の神社から25分ほどで、これまたおなじみの神話「八俣大蛇《ヤマタノオロチ》」（ヤマタノオロチ）に関する八重垣《やえがき》神社がある。オロチに連れて行かれそうになる櫛名田比売《くしなだひめ》（クシナダ姫）をスサノオがかくまって敵をあざむいた場所だ。

その裏手の森にある大杉に八重垣を造って姫を隠したという話が残る。ここは出雲一の縁結びの神社とされ、女の子たちにも特に人気のスポットだ。みごとヤマタノオロチを退治したスサノオは、姫と結ばれる。そんなところから恋を夢見る乙女たちの憧れの神社とされるのだ。

ここの人気のスポットは、姫が隠れていたとき日々の飲料水とし、また姿を映したという姿見の池、鏡の池だ。ここが縁結びや願い事の成就を占う場所としてにぎわっているのだ。私が訪ねたときはあいにくの雨だったが、朝の9時前にもかかわらず、女性たちがズラリと社務所前に並んでいる。社務所で占い用紙を求めるためらしい。それを購入したら、すぐさまご本殿に目もくれずに一目散に森の池へ走ってゆく。その姿を見て、「ああ、これでは決められた良縁すらも、外されることになるのになあ」と感じずにいられなかった。わざわざ行って「こんな無作法者に良縁など渡すものか」などとなってしまってはつまらない。御手水を済ませ、本殿をしっかりとお参りしてから社務所に向かうぐらいのマナーは必要だろう。

ここは出会いの縁と同時に出産、安産にもご利益がある。立派な男根を祀った祠もある。さすがにこれは若い女性には目の毒だろうが……。夫婦杉とよばれる2本の大杉や連理の椿もある。それらにもすべてそういった意味が隠されている。ちょっと赤面するような、大らかなご神徳が充満している。ホンワカしたムードがまた人気の秘密なのかもしれない。

さあ鏡の池で先ほど購入した占いの紙に硬貨を乗せて水の上に浮かべてみよう。するとその半紙にお告げの文字が浮かんでくる。この紙が遠くの方へ流れていけば遠くにいる人、今思っている人ではない、まだ見ぬ縁を持つ人との出会いがあるとされる。

近くの場合は、今好きな人ということだけではなく近くに存在する人、またはもうすでに出会っているが気づいていない人と縁があるとされる。さらに早く沈めば、早く縁づくといわれているのだ。

よく硬貨が近くに沈んだといって大喜びしている人がいる。確かに縁づくのだから喜ばしいことなのだが、それはあなたの思っている人と結ばれるという意味だけではないのだから慎重に！「鏡の池で硬貨を紙に乗せたら近くに沈んだのに、彼と別れてしまった」という話を聞いた。だが、それはそれでいいのだ。なぜってその人との縁ではなく、近くにいる気づかない人との縁なのだから。

「女の子ばかりしかいないから、気恥ずかしくてやれない」という男性諸君の声もある。だが良縁占いといっても、彼氏や彼女といったことだけではないから心配なく。〝いい仕事に就けますように〟というのも縁だし、〝健康〟も縁が司っているのだ。仕事が今ひとつうまくいっていない場合などは、遠くに沈むと現在の仕事場、または仕事の内容が合っていないということになり、縁のある会社や仕事へとサポートしてくれるし、健康も遠くに沈むとなれば治りが遅いとされ、同時に今通っている病院とは違う所に移るよう指示されていることでもある。

恋であろうと仕事であろうと、縁組の良し悪しによって、人生の一大転換はなされる。

水の上に浮かんできた文字をしっかりと心に留めることが大事。そこに吉方位も浮かんでくる。南、東が吉と出たら、その方位によいことがあると信じよう。だからこそ本宮、奥宮でしっかりお願いしてからでないと、答えが曖昧《あいまい》になってしまうのだ。

さらに半紙の上に乗せる硬貨だが、10円玉か１００円玉がよいとされている。１グラムの1円玉では軽すぎるから沈まない。そりゃあ重いほうが、早く沈むに決まっている。

１００円玉は４・８グラム、10円玉は４・５グラム。１００円玉のほうが早く沈む確率が高くなる。だが、10円玉は先にいったとおり、良縁をお願いしているのに〝遠縁《とおえん》〟になってしまうから実際は避けたいところなのだ。

１００円玉がいいわけだが、実際は３・７５グラムと軽めの5円玉で占うのが基本だともいえそうだ。というのも、現在の5円玉の図柄が稲穂だからなのである。

どういうこと？　実はここの祭神、奇稲田姫とも書き記す。つまり稲穂の女神をこの神社は祀っている。１００円玉や10円玉より沈む時間は普通に考えれば遅くなるが、そこは仕方がない。５分経つまでに沈まなくてはいけないともされるが、〝ご縁〟を信じて気楽に〝5円〟玉というのも悪くないだろう。沈み出してから沈みきるまでしっかりと見届けるのが、パワーをいただく秘訣《ひけつ》。その際、紙の上を池に棲むイモリが横切って泳いでいくと、大変な吉縁に恵まれるというからドキドキ‼

カップルで訪れたい日本初之宮

八重垣神社ともう一カ所、スサノオとクシナダ姫の新居とされる古社がある。雲南市大東町の高台にある須我《すが》神社だ。『日本書紀』から読み解けば、「わが心すがすがし」とスサノオが言ったためここに宮殿が建てられ、〝須賀〟と命名されたとある。

その名のとおり、実にすがすがしい雰囲気に包まれる空気が満ちる。二人の甘い新婚生活の始まりの場なのだ。

社殿に上る石段の横にも、またご朱印にも「日本初之宮」と書かれている。ここは新婚旅行や結婚を約した二人で訪れると、ずっと幸せに過ごしていけると言われている宮で、出産、安産、また男性にとっては出世運もつく。

つまり男の仕事の出来不出来は、幸せな家庭で決まるという意味でもある。もちろん、「早く未来のだんなさま、奥さんに出会えますように」というお願いだってＯＫ。どちらにしても浮き立つような気分でお参りするのがコツである。

さらにスサノオはこの宮で『八雲立つ　出雲八重垣　妻籠《ごみ》に　八重垣つくる　その八重

垣を』という歌を詠んだ。それが和歌の最初といわれ、ここが和歌の発祥地ともされているのだ。この和歌こそが出雲国の名の起源だともいわれている。

そんなことからこの神社を詣でると、詩歌や和歌などを含めた文章力上達の力をも授けてくれるのだ。どうも作文、レポート、企画書、エントリーシートなどがうまく書けない、締め切りギリギリまで書くことができない、苦手だ！　という人たちにもご利益がある。さらに人前でしゃべるのが苦手という人には、自分の意見をはっきりと言えるパワーを授けてくれる。面接や、はたまたプロポーズなどにも力を発揮してくれるぞ！

こうしたパワーを確実なものにするためには、約2キロ登った八雲山の山腹にある神社奥宮を訪ねるべき。そそり立つ大きな岩は夫婦岩とよばれ、大中小3つの磐座《いわくら》は古代における須我神社の祭祀の地でもあるのだ。

その夫婦岩までの間にある〝神泉坂根水〟は不老長寿の水とされている。いつまでも若く美しく、そして元気に幸せでありたいという欲張りな人には（？）もってこいのお水といえようか？　感謝して飲むべし。

また『日本書紀』にはスサノオ、クシナダ夫婦は須賀に住むと同時に「熊成峯に居す」とも書かれている。そこに建つのが熊野大社である。二人が住んだとされる八重垣、須賀、熊野は地理的にも近いため、おそらくこの近辺に住んでいたということだけは確かだろうと思われるのだ。

さて熊野大社といえば和歌山県の熊野古道の熊野本宮大社が有名だ。しかしこちらの熊野さんは出雲の国の一宮。ここは出雲大社よりも神階が高いとされる神社なのである。

ここに祀られる神の名は「伊射那伎日真名子加夫呂伎熊野大神《いざなぎのひまなごかぶろぎくまのおおかみ》　櫛御気野命《くしみけぬのみこと》」という長い名前だ。ただこれはスサノオの別名なのである。ちなみに和歌山県田辺市の熊野本宮大社の主神は家津美御子《けつみみこ》大神。実は、これもスサノオの別称なのだ。

スサノオは出雲大社の祭神、オオクニの祖神だから、神階が上であってもいいということか？　ここには出雲大社の神職に、熊野の神職が文句をつけて困らせるという変わった神事が残されている。まさにスサの力は絶大だということになるだろう。

そんな権威ある熊野大社の鳥居をくぐると、背後に聳え立つ熊野山の圧倒的パワーに驚かされる。自分の小ささ、心の狭さを改めたいと痛感させてくれるのだ。ここはその山を直接拝むような気持ちでお参りすること。そうすることで困難に立ち向かう力が与えられ、つまらぬことにつまずいている己の姿を客観視することができる。

神々が帰ってゆく神社

そんなスサノオの終焉《しゅうえん》地というのが、出雲市佐田町の須佐《すさ》神社である。ここも本殿に一歩ずつ近づくごとに神霊を感じさせるが、特に本殿裏にある幹回り約7メートル、高さ30メートル、樹齢約1200年という杉の大木のパワーがものすごい。

美保《みほ》神社も訪ねたいスポットだ。『古事記』で、「この国はアマテラスの御子が治めるべき」とタケミカヅチが稲佐の浜に着いたとき、オオクニは、「二人の息子たちに訊ねてほしい」と答える。オオクニの息子、事代主神《ことしろぬしのかみ》（コトシロ）がいたのが美保の関だ。コトシロは国譲りに応じ、海に消えたという。これは海で行なわれた戦いをさすのだろう。結果、アマテラス軍に勝利が導かれたと見るのが自然だ。その場所が美保神社である。

美保神社沖を航行する船は、必ず汽笛を鳴らして挨拶をする習慣が今も受け継がれているほど、海を守る神社として崇め続けられてきた。

そんなこの神社にも、独特な神事が残されている。12月3日に行なわれる諸手船神事《もろたぶねしんじ》は、2隻の船で速さを競い激しく水を掛け合う勇壮な神事で、4月7日の青柴垣《あおふしがき》神事は、コトシロが国譲りを認めたのち船を傾けて、海の中の青柴垣に身を隠す場面だ。

美保という言葉には、心霊が現れる場所という意味がある。どこか海の男を感じさせる荒々しく男性的なパワーがあふれる社でもある。男性がしっかりと、自分が男としてこれから先へ進んでゆく人生航路の無事を願う所なのである。同時に女性は愛する人がより男らしく出世街道を歩んでいけるようにお願いするといいだろう。拝したあとに〝御玉石〟とよばれる石に近づいて拝むと、より効果が得られる。

そして出雲に集まった神々が、最後にこの場から旅立つという万九千《まくせ》神社も訪ねてみたい。なかなかのパワスポだ。

ここは斐伊《ひい》川に架かる神立橋《かんだちばし》の北側にある小さな社である。神々は旧暦10月11日から7日間、出雲大社へ神集《かみづ》われ、引き続いて佐太神社へ出向く。

ここで神在祭を執行し、最後に万九千に集まる。そして26日になると諸国の神社へと帰国の途につくとされるのだ。

出雲からお発《た》ちの時が来たことを告げる神等去出《からさで》祭が厳かに行なわれ、その後、神々は直会《なおらい》とよばれる酒宴を催す。

直会はここでは神が行なうことになるが、一般には神事のあとに神事に参加した者一同で、お神酒をいただいたり神饌《しんせん》とよばれる供物を食する行事のことをさす。神事終了後の宴会や打ち上げとされることが多いが、本来は神事を構成するもののひとつで、どの祭式祭祀でも必ず直会を行なうとされる。

神霊が召し上がったものをいただくことで、神霊との結びつきを強くし、神霊の力を分けていただき加護を期するのだ。よく神社や新築する家の建て前（棟上式）などで餅を人々にまく風習があるが、あれは実際には〝直《なお》らう〟という。これもまた直会に似た意味の言葉である。

さて直会を終えて八百万の神たちは、来年の再会を約して万九千神社からそれぞれの国《くに》許《もと》へ帰ってゆく。神立《かんだち》である。地元ではこの日の夜間は特に静粛を旨として、外出を慎しみ、静かに神々をお送りするのである。

私がこの場所を訪れたのは、神等去出《からさで》の日ではなかったし、夕刻迫る時刻だったこともあり、参拝者はいなかった。ほんとうにここから神々が旅立つのかと思うほど、小さな神社なのである。

同じ鳥居の向かって右側に万九千神社、左には立虫神社の号標があるほどなのだ。さらに立虫には本殿があるが、万九千には拝殿のみ。神籬磐境《ひもろぎいわさか》に祭神名を記した石柱が立つだけだ。

でもだからこそ神秘的なのである。万九千という名前もどこから命名されたのか興味をそそられる神社だった。鳥居をくぐって右手側に曲がったとたん、拝殿と磐の氣が充満し、広い狭いや本殿の有無などは超越するのだなと感じずにはいられなかったのだ。

こここそが、出発前に一度神が集まる場所なのだと納得できるのである。帰路につくとはいうが、これはこの場から立ち去るのではなく、旅立つ。つまり、ここには〝終わりが始まり〟という力が込められている。

目標が達成されたときでも、受験が終わったときでも、大きな仕事が終わったときでも、たとえば恋が失敗に終わったときでもよい。

終わりは始まりなのだ。新たなる出発点、スタートラインに立ったときに、ポンと後ろから背中を押してくれる。そんな力をいただける神社こそが万九千神社なのだ。

その力への感謝を込めてどうしてもご朱印をいただきたくなった。

近所を回っていたら数分で、玄関に注連縄がある家を発見し訊ねてみると、まさしく万九千神社の宮司さんの自宅であった。無理を承知にお願いしたら、気持ちよく応じていただいた思い出がある。

出雲に集った八百万の神がここから出発する

第4章

富士山編

世界文化遺産、富士の頂に建つ宮

富士山がユネスコの世界文化遺産に登録され、日本人たちは喜び勇んで富士山へと向かう。富士山といえばいうまでもなく日本一高く、日本一美しい霊山として世界にもその名が知られる日本のシンボル。7月1日の本年の山開きでは、世界遺産に登録された富士の頂《いただき》からの初のご来光を拝もうと、たくさんの人たちが登山した。

世界遺産としての正式名称は、富士山――信仰の対象と藝術《げいじゅつ》の源泉（英語：Fujisan, sacred place and source of artistic inspiration／フランス語：Fujisan, lieu sacré et source d'inspiration artistique）。標高3776メートルの富士は、古くから神の住まう場所とされてきた。

山頂、すなわち8合目以上のうち、約380平方メートルは富士山本宮浅間大社《ほんぐうせんげんたいしゃ》の社地だ。山頂部に奥宮があり、そこは古くから神聖視されてきた場所なのだ。浅間大社末社に当たる久須志《くすし》神社も頂上にあるが、ここのご朱印は火山灰を煉《ね》り込んだ独特の色をしている。

浅間大社が祭祀されたのは第7代孝霊《こうれい》天皇の代というから、紀元前二百数十年ということになるが、その時代に富士山が噴火、人々が土地を離れて国中が荒れてしまった。そのため第11代の垂仁《すいじん》天皇の時代に浅間大神を祀り、鎮《しず》めたのがはじめとされる。

浅間神社は全国各地に1300社を数える。〝あさま〟と読むこともなくはないのだが、通常これは〝せんげん〟とよぶ。その総本山は、静岡県富士宮市に鎮座する。奥宮のパワーは日本一の高い場所にあるというだけに、とてつもない力が発揮されるといわれているが、なかなか富士登山に挑戦することはできない。

すでに登頂経験を持つ人たちもいるだろうし、一生のうちに一度は挑んでみたいと思っている人もいるだろう。頂上を目指すため、山梨側からだったり静岡側からだったりと登山口はいくつかあるが、その麓《ふもと》にも無事に登山ができるようにと祈る神社が建てられ、遠い場所には富士山に登ったのと同じご神徳が与えられるということから、富士山に見立てた富士塚が神社内に作られるようになったのである。

総本宮では富士山頂奥宮特別祈禱とよばれるものが行なわれている。登山が可能な7月と8月に、祈禱を申し込むと登拝者の祈禱をしてくれるだけではなく、登山不能な人には代理に神職が登って奥宮で祈禱し、お札などを発送してくれるというものである。8月10

日までに申し込むとその年のうちにご祈禱されるのだ。商売繁盛、学業成就、健康祈願など初穂料5000円から受け付けてくれるから、日本一の富士のパワーをいただきたいものである。頂上で結婚式を挙げるカップルも増えているという。

本宮の大社は目にもあざやかな朱塗りの壮麗な姿で、二層式の本殿は浅間造とよばれる珍しい建築様式。徳川家康《とくがわいえやす》が造営したものである。春になるとここの境内には、50本以上の桜の木がみごとに花を咲かせ桜の氣で充満する。神木も桜。祭神が桜の化身ともされる木之花開耶姫命《このはなさくやびめのみこと》(サクヤ姫)なのである。桜は日本の象徴の花である。

〝さくら〟の〝さ〟は元々、田んぼの神、穀物の霊という意味を持ち、〝くら〟は磐座《いわくら》が示すように神が降臨し住む場所という意味がある。そんなことから農業、つまり農耕民族、日本人にとって、生きるための神が桜には宿っている。同時に〝咲くら〟とすることで、人生の春、物事の開花が神の導きによって行なわれるのだ。

神話に倣《なら》えばサクヤ姫は山の大神、つまり富士山に住まう神であるオオヤマツミの娘で、天孫降臨したニニギにひと目惚《ぼ》れされ夫婦となった姫である。その美しさはこの世の者ではないほどだったとされ、たった一度の契りで子が授かる。ニニギは〝不貞ではないのか〟と疑うが、サクヤは身の潔白を立証しようと戸のない産屋に火をつけさせ、「もしも不貞の子であれば焼け死ぬだろう」と言い放ち、その産屋で無事に3人の子を産んだという。

サクヤの美しさもさることながら、その気性の激しさは、優雅な姿でありながら、時に大噴火を引き起こし、人々を恐怖に陥《おとしい》れる富士山と重なる。さらに〃パッと咲いてパッと散る〃、桜の花の潔さそのものなのである。この大社は、女性としての凜としたたたずまいを感じさせる。

出会いの縁や子授かり、安産などのみならず、しっかりと物事を見極め見抜く力、真の行動力を授けてくれるパワーを持つ。男性にとっても生涯の伴侶との結びつきの力をつけてくれる。ただし芯は強いが、相当な女性が現れるぞ！　しっかり者で、けれど駄目男を上手に導いてくれるそんな女性である。人生にとって、それは実に大切なことなのだ。

境内右脇にある湧玉池のパワーはまた絶大だ。ここは雪解け溶岩の間から湧き出たもので、その昔は富士登山に挑む者たちがここに入り禊してから登った。今は池に入ることはできないが、水辺まで下りて行き、冷たい水で手や口を清めることはできる。〃清水〃とは、こういう意味から生まれた言葉なのかと納得させてくれる。その清水が湧く岩の上に位置する水屋神社では、富士山御霊水をいただくことができる。その水の力は穢れを清めるだけではなく過《あやま》ちを拭い、新たな人生に出発させてくれる。ペットボトルなどで水を汲んで自宅に持ち帰る人も多い。そのときには、必ず２００円ほどの志を賽銭箱に入れてくるのがルールである。

生半可では願いを突き返す神社

大社から車で20分ほど、同じ富士宮市にある山宮浅間神社に行ってみよう。富士信仰の大神が、最初に奉斎された場所こそがここである。現在の富士山本宮浅間大社に遷されることで、山宮とされているが、実はここが富士山の元宮であり、富士信仰の最も古い形を伝えている。鳥居、山門をくぐると石段が続く。ここは流れ出した溶岩の先端に神社を建てたのである。といっても本殿はない。富士山そのものがご神体なのだ。

特にパワーを発散させているのが境内の遥拝所。祭祀遺跡としての形をそのままに残しているが、平成20（２００８）年度の発掘調査で、12世紀代の土師器《はじき》群が出土、これらを使って祭祀されていたと推測される。

その遥拝所の眼前にとてつもなく大きく迫り来る富士山を見た瞬間に、背筋にビビーッと何かが走る感覚に襲われた。これは一種の恐怖だ。そこから溶岩がここまで川のように流れてきたのだろう。川道の左右には木が鬱蒼と生えているが、その部分だけには何も生えていない。先人もおそらくそうしたであろうように、「荒ぶる山の神よ、どうぞお鎮まりください」とつい願ってしまう。そんなパワーがあふれ出ている。

そこにあるのは雄々しく荒々しいエネルギーなのである。何だかんだ、ちっぽけな願い事などそこには通用しない。するはずもない。お願い事以前の問題に思えてくる。言葉では言い表せない自然の摂理にただ手を合わせるだけなのだ。それは生まれてきたことや生きていることへの感謝でもある。その崇高な雰囲気は、欲にとらわれて拝すると、反対に突き返されるような強さがあるからご注意！

その強さは、山梨県富士吉田市にある富士山吉田口登山道の起点に鎮座している、北口本宮冨士浅間神社にも通じている。男性的なエネルギーは大鳥居をくぐってすぐから感じ取ることができるが、目的をほんとうに達成したいのなら、何らかの犠牲が要《い》るかもしれないと思わせるほどなのだ。

まずは本殿に連なる拝殿で自分の思いを一心に願うことだ。次にその本殿裏側右手にある西宮を、続いて本殿を今度は後ろから拝むような格好の恵毘寿社を一礼して通りすぎ、本殿から向かって左手に鎮座する東宮を拝するのがコツ。その左手にある神武天皇社を拝し、先ほど目の前を通り過ぎた恵毘寿社へと戻って、〝富士ゑびす〟という神像に参ろう。さらにそのあとに祖霊社や本殿右横に並ぶひとつずつの宮へ、志を持って祈りを捧げてから、その奥にある諏訪神社を拝殿から参り、さらに下諏訪社で、自らの願い、思いをぶつけてみよう。

ここのご朱印は北口本宮だけではなく諏訪神社も書いてくれる。古くからここの森は〝諏訪の森〟とよばれていることから、ここが元々、この地域の氏神だったようである。この社の例祭「鎮火祭」が日本三奇祭のひとつ、吉田の火祭りなのである。

覚悟ある人間にだけ与えられる厳しき道への導きこそが、ほんとうの成功への道だということを知らしめてくれる。ただし真剣に拝むことによって、たとえ突き返されてもそれに耐える精神を持った場合、その効力は半端ではない。〝この程度でいいか〟とか、〝富士山ブームだから寄っとこうか〟といった生半可な気分で拝すのは避けたいものだ。

絶対に〝こうしたい〟〝こうなりたい〟〝こういう結果に導かれたい〟ということに二言

がないと思われる人にだけ、神々しい富士山の精神性を分け与えてもらえるのだ。背筋をピッと伸ばし、よく考えて自分の道をしっかりと拝さなければならない。

金運神社の「お伺い石」

パワーあふれる北口本宮冨士浅間神社から車で10分ほどの場所に、オオヤマツミを祭神とする新屋山《あらややま》神社がある。ここは浅間神社ではないのだが、ユニークでありながら、霊験あらたかなおすすめ神社のひとつなのである。

山の神であるオオヤマツミ大神、娘のサクヤ姫、さらにサクヤの夫、ニニギの祖母に当たるアマテラスの大神を祭神とするが、何しろ通常とは一風変わっているのだ。一揖《いちゆう》して鳥居をくぐると、ひとつめの鳥居から参道まで奉納された赤い鳥居が次から次へと立つ。その数、全部で26基。

ずっと下を向いたまま歩かなくてはならないのか？　いやいや、駐車場に車を止めたら、一番最初の鳥居で一揖、道路を渡って一揖してからは、まるで禊のシャワーを浴びるように鳥居を突き進んでいこう。御手水を済ますと、神職が御祓をしてくれる。そして社殿へと上がることを許されるのである。そのときには靴を脱ぐ。当然、靴を揃えてすぐ履けるように向きを変えておく人が多いが、実はこの神社にかかわらず社殿においては、靴の向きを直さないのが正式な作法なのである。

なぜかって？　靴を履きやすいように揃えてしまうと、ここから出るときに神様に一度お尻を向けることになる。しかし靴をそのまま脱いだ場合は、一度神前のほうを向かなくては靴は履けない。お尻を向けたままで外へ出るのが失礼に当たるという発想に基づくのだ。

ということで、靴の向きを直さないで拝殿まで進み、玉串を受け取ることになる。受け取ったあと、通常は神職しか座ることができない祝詞台に、一般の参拝者も座ってお参りすることができる。参拝者が少しでも神様の近くで参れるようにと考えられているのだ。

玉串をいただき祝詞台まで進んで、跪いて左足から台に上がり、その次に右足を乗せて座る。このとき祝詞台の上では絶対立ってはいけない。玉串を捧げ、二礼二拍手してからしっかりとお願いするのだ。玉串の奉じ方は、すでに学習済みだが……。いや、もう一度

神にお伺いを立てる御神石“お伺いの石”

見返しておこう。（48ページ）。

玉串料などの請求はないが、感謝の心をごく当たり前程度の志に代えて奉納したいもの。

そして神殿の右の横に置かれる御神石、〝お伺いの石〟である。富士山の形をした黒い石の前に座り、志を納めてから、しっかりと手を合わせ、その石を持ち上げるのだ。その重さがずしんとくる。

持ち上がらない場合もある。そしてそこで石に頭をつけ、神にお伺いを立てるのだ。そのとき「健康でありますように」とか「恋人ができますように」「お金持ちになりますように」などと願うのではないのだ。

お伺いである。「この病気が治るでしょうか？」だったり「○○さんと結婚できるでしょうか？」「宝くじが年内に当たりますでしょうか？」など具体的に訊ねなくてはいけない。そして石をまた持ち上げるのだ。

さっきとは違って易々と、または軽く感じながら持ち上がったら、その思いは達成される。しかしそこで喜んではいけない。仕上げがあるのだ。石を下ろしてから再び石を持ち上げるのである。このとき、2回目と同じように軽々と持てたら、達成されない。

3回目、それが1回目のときと同じように重く、持てないほどになっていた場合だけ、お伺いした内容が成就するのである。

私はどういうわけかいつもここの神社だけは、もう何回も家族4人で詣でている。先日も妻と娘二人を連れてお参りに出向いたが、数年前、上の娘はここで「○○大学に入ることができるでしょうか？」とお伺いを立てた。

そのとき、上の娘は質問のあと石を持ち上げたら確実に軽くなり、3回目には重たくなったと言った。それから数カ月後に、彼女は希望の大学に入学した。下の娘は何を訊いたのか教えてもらえなかったが、今度の願いの内容は何だったのか？

そのあとに靴を履き本宮境内、左手奥にあるイザナギ、イザナミの夫婦木社へ足を進める。社の後ろに立つ夫婦木の裏側の結合部を凝視することで、すべての縁との結合、結びつきの力を与えられる。それは願望との結合なのだ。さらに本殿右手にはオオクニ、エビスの神像があり、その隣に磐長姫命《いわながひめのみこと》（イワナガ姫）が祀られている。

この姫はオオヤマツミの娘、サクヤ姫の姉神である。神話ではサクヤは絶世の美女だが芯の通った姫として描かれているのに反して、イワナガは岩のように頑丈で心やさしいが、どうも美女とは言い難い姫とされる。

ニニギが降臨してすぐにひと目惚れしたサクヤとの結婚を、父オオヤマツミは喜び、ニニギに娘二人を共に遣《つか》わした。しかしニニギは美女のサクヤだけを残し、イワナガは不要とオオヤマツミの元へ返す。

オオヤマツミは、「もしイワナガを娶《めと》られるならば、天津神の御子のご子孫は、雪が降ろうと風が吹こうと巌のようにびくともせず、永遠の命を保たれるでしょう。サクヤならば木の花が咲き誇るように繁栄されるでしょう。このようにイワナガを返し、サクヤだけを娶られるなら、まるで桜の花のように儚くなるでしょう」といったという。

天津神の子孫や人々の寿命が短くなったのは、このときからである。もしも二人ともニニギが妻として迎えていたら、花のように繁栄しながらも、それは永久に続いていたことになる。そんなイワナガだけを祭神とする神社は日本に数少なく、浅間神社でも単一で祀っている場所は伊豆半島の雲見《くもみ》浅間神社と伊東の大室山《おおむろやま》浅間神社などだけである。

この神社にはそのイワナガを模した神像がある。そこで拝むことで〝顔じゃないよ心だよ〟といったパワーを与えられる。丈夫で長持ちは男女問わず、人間として実に大切なことなのである。

さらにこの新屋山神社が興味深いのは、通称〝金運神社〟とよばれていることだ。ただし〝金運神社〟とよばれるのは同じ新屋山神社といっても、ここ本宮から車で30分ほど行った富士山の二合目、通称「へだの辻」とよばれる場所に座する奥宮である。

毎年11月中旬から4月下旬ごろまで路面凍結のため林道のゲートが閉鎖されてしまうから、奥宮へお参りできるのは4月下旬から11月中旬までの約半年間だけ。

車で先ほどの北口本宮冨士浅間神社の方角へ戻り、中の茶屋方面へと左折、中の茶屋からさらに滝沢林道を左折して8キロほど走った左手に奥宮はある。

車から下りただけで、富士山パワーと強い磁場に、上の娘はすぐに吐き気を催し、しゃがみこんでしまったほど。私も妻も急にふらふらして足元もおぼつかない状態になった。

その社務所右手にある、400年以上前に作られたという小さい祠《ほこら》のほうから最初にお参りすることがポイントである。

そしてその後、赤い鳥居の祠へと進む。下の娘はここで、とめどもなく涙が溢《あふ》れ出した。実際、私たちは霊能者でもなければ、霊感が強くもない。ところが4人全員が、そのエネルギーと波動をはっきり受けたのだから、ちょっと驚きだ！

鳥居奥から発する強い霊力を感じながら、導かれるように歩くと環帯状石組、ストーン・サークルが見えてくる。

まさにここは神域であることが、誰であっても実感できるほどの氣流が作られている。何かが流れによって回っているという感じがするのだ。

このストーン・サークルの中の社で願い事を唱えてから、ゆっくりと時計回りに3回回る。1周回ったら必ず社に拝して深く一礼する。

金運神社だからといって、ただただ「お金持ちになりますように」とか「宝くじが当たりますように」ばかりでは願いも叶えられそうにない。金運とは別段、宝くじに当たるということだけではないのだ。健康が続くことで仕事ができれば、病院のお金も不要になるだろうし、仕事をすることで長くお金が入ってくるという考え方もあるのだ。いい学校や会社に入ることで将来のお金も決まるとも考えられる。いいだんなさんに巡り会うということも、結局、それは金運につながるわけだし……。

「金は天下の回りもの」とはよくいったものだ。お金の成就とは、つまり物事を成就させる力、物事を成し遂げる力ということなのだ。金運を賜《たまわ》るためには、自分の欲だけではなく、神の思いに叶った生き方をすることだ。ここを参ることで、自然と金運がアップしている自分に気づくはず。それは神の加護を受けることにより、結果的に大きな幸運がやってくるという証明でもあるのだ。

ここの社務所でも本宮の社務所でもいいが、そこで売っている大山祇大神が描かれている金運カードを私はいつも財布の中に入れてある。

燃えた木の中に入る!?

富士五湖のひとつ、河口湖の河口浅間神社の力もこれまたただものではない。ここは貞

環帯状石組からは強いパワーが発せられている

観6（864）年の富士山大噴火の際、それを鎮めようと翌年、富士山と対峙《たいじ》する河口の地に祀ったのがはじめだ。その大噴火は富士山北面にあった大湖、剗ノ海を埋没させたとされる。その跡が現在の青木ヶ原流域である。

鳥居を過ぎると随神門にかけ、根回り7メートル、高さ45メートルにも及ぶ杉木立の参道が出迎えてくれる。その氣を十分に受けて、古宮からも霊氣が立ち上っているように見える。引きつけられるように本殿へと進むが、本殿前の階段左横にある美麗石、別称、ヒイラ石にまずは拝する。これは浅間神社をはじめて祀った古代祭祀の石閣といわれる。

1200年ほど前からこの地に鎮座する依代《よりしろ》なのだ。ここで富士の力をいただきに来た旨を伝え、社殿へと進むのである。

その南側にある7本の巨樹が、七本杉である。7本とも幹は真っすぐに1本に伸びて、枝分かれしたものはない。その中で最大の天壌杉は根回り30メートルあまり。二柱杉は樹高47・5メートル、これはイザナギ、イザナミの二柱を祀っているご神木だが、その二本の杉の真ん中に立ってみた。

その大木と大木を注連縄で結んだ下に立つと、両方から引っ張られるような感じを受け、まるで自分の幼い日々を感じるようなあたたかさ、母に抱かれるような懐かしさと同

著者との対比でその大きさがわかる二柱杉

時に、「自分はまだまだこれからだ」という自信と前向きな希望が胸にわいてくる。

まるで自分の歩く道を上から見定めて、神が世の中に適合する力を与えてくれるような気がしてくる。恋愛にとどまらず、迷いが生じたり、心が揺さぶられているときに参るとパワーを発揮してくれる神社だ。参拝後には、自分が落ち着いていることを感じることができるだろう。

母のようなやさしさといえば、「母の白滝」も見逃せない。この神社わきの坂をゆっくり上って行くと、マイナスイオンたっぷりで幻想的なこの滝と出会うことができる。

車でも上がっていけるが、散歩気分で歩いても30分ほどだ。ここは春なら新緑がすがすがしく、夏であれば涼しさを満喫できる。秋はあざやかに紅葉が色づき、冬には滝の水が凍り、氷の芸術が楽しめるという魅力的なスポットなのだ。

神社の鳥居前には、第2章のお伊勢参りで紹介した「伊勢講」と同じような「富士講」の御師《おし》の家が現在も残っている。ここを宿として、登拝者たちは浅間神社で無事を拝み、この滝で禊祓いをして山へと登っていったのである。

母なる滝をゆっくり見つめていると、心が浄化されてゆくのが分かる。赤い鳥居の母の白糸神社は、栲幡千《たくはたち》々姫命《ちひめのみこと》（タクハタチチヒメ）、つまりサクヤ姫の姑神を祀っている。

まさに母神なのである。

母を感じる神社として、もうひとつ。ここも河口湖に近い、無戸室《うつむろ》浅間神社、通称、船津胎内神社を紹介したい。車のナビなら「船津胎内（樹型）」「河口湖フィールドセンター」としなくてはならない。ここの神社も普通ではない。

小さな、家の神棚ほどの大きさの社を拝んだあと、御幌《みとばり》をくぐって中へと進入するのだが、そこから広がる別世界は、まるで人間の体の中のようだ。御幌の先に広がる別世界。それは地下のトンネルである。この洞穴の正体は木なのである。

延暦19（800）年の富士の大噴火で流出した溶岩流が、樹海や森林帯を流れ下った。そのとき樹木が溶岩流中に閉じ込められ、木質部が焼失し、その樹木の形のまま空洞ができた。これを溶岩樹型という。世界的にも珍しいトンネルだ。暗い中に入るとその壁は無数のひだ状になっていて、人間のあばら骨のようにも見える。

背中を丸め、小さくなって進むと、左手に「母乃胎内」と書かれた場所が現れた。そこからは、さらに狭くて天井も低い。身を縮め、四つんばいになってゆかなければならない。人がすれ違うことすらできない。まさしく母の胎内、産道だ。ちょっと狭所恐怖症の人には無理かもしれないが……。

そこを何とかして通り抜けると、行き止まりの暗がりの洞内には一本造り木像の仏像が安置され、一層心に安らかさを与えてくれる。母に抱かれた幼いときの思い出が甦ってくるようだ。ここは祈りの場所として昔から大切にされてきた場所でもあったのだ。元へと戻り先へ進むと、今度は「父乃胎内」。ここはさすがに狭すぎて、進入禁止のようだが、神秘の体の中をさまよいながら出口へと進んだ。

この胎内めぐりとは、地中に入ることで一度死ぬ、そして母の胎内をめぐり再び地上へと出ていく、富士の霊氣を浴びながら生まれ変わるという意味を持っているのである。

羽衣伝説が残る神社へ

世界遺産登録が決まる日まで、距離的に遠いため対象から外されるのではないかと心配されていた、羽衣伝説が残る三保《みほ》の松原《まつばら》。確かに富士宮の浅間大社からも車で1時間ほど要するが、その浜には天女が舞い降りて、羽衣をかけたという〝羽衣の松〟とよばれる樹齢650年以上という老松が残っている。そして、近くには天女が忘れた羽衣の切れ端が今も保存されている御穂《みほ》神社もある。

鳥居をくぐるだけで、一瞬にして境内が雅《みやび》やかな雰囲気を醸し出していることに気づく。ここはどんなことでも、たとえば今の情況が〝最悪！〟と思っていても、あきらめずに努力すると、必ず好転して結果オーライとなるようなパワーを放っているのだ。

今回、三保の松原は一緒に世界遺産に登録されないのでは？　というニュースを耳にしたとき、ここの力を知っていただけに、「最終的にはおそらく好転するよ」とマネージャーたちに、予言めいた言い方をしていたぐらいだ。結果はみごと、ごらんのとおり！

最終的にいい方向へ流れるというパワーを発している神社は、ほかにたとえば諏訪大社の春宮や群馬の榛名《はるな》神社、京都の北野天満宮や福岡の太宰府天満宮、京都の松尾大社など全国にいくつかあるが、ここの氣はそれら有名神社にもひけをとらない。これが日本一の霊峰、富士山から与えられた独特なパワーなのだろう。

ところがここの祭神、富士山でもオオヤマツミでもサクヤ姫でもイワナガ姫でもないのだ。なんと出雲の神様、オオクニヌシなのである。そしてもう一人、三穂津姫《みほつひめ》（ミホツ姫）。これが羽衣の正体かと思いきや、ミホツ姫はオオクニの数多い奥さんの一人で、オオクニと一緒になって国土を作ったという少彦名命《すくなびこなのみこと》（スクナビコナ）の妹とされる。出雲で訪ねた松江市にある美保の関の美保神社にも祀られている。

美しく徳が高い姫と、日本国を作り上げたオオクニの力は縁結びのほかにも、何かに疲れて一人旅……といった心持ちに花を咲かせてくれる氣がある。そのため旅の出会い――これは見知らぬ恋人と出会えるということだけではなく、旅先で買った宝くじが当たったり、ここの行き帰りに思わぬ人と偶然会ったり、家に戻ったらまず○○をしようという〝浮かび〟があったり、そんな旅の縁を演出するのだ。また、芸術文化にもご利益がある。

修験の場で自分と向き合う

富士山本宮浅間大社から三保の松原までが約1時間。北口本宮冨士浅間神社から神奈川足柄芦ノ湖《あしのこ》方面へ約1時間。富士を仰ぐ絶景の中、エネルギーを発する箱根元宮がある。

芦ノ湖畔からロープウェイに乗って7分ほどで、1357メートルの駒ヶ岳の山頂へと登る。何も遮《さえぎ》るものがないその景色に息を呑《の》む。駿河湾から伊豆半島、東京スカイツリーまでもが見える。そして元宮に向かって左手に富士山。まあ、いつも天気がいいとは決まっていないが、どうせなら好天の日に上りたいのがここ。

しかしたとえ霧につつまれるような悪天候であったとしても、ここにあるのは修行の世界。「すばらしい景色を満喫するためにわざわざロープウェイで上がってきたのに、何も見えないじゃない？　がっかり〜」。仕方あるまい。ここは修行の場なのだから。ただここにたどり着いたときに感じる独特な雰囲気は何なのか？　富士のエネルギーの通り道だということなのか？　先人たちがこの雄大な自然のパワーを求めて修行を積んだ意味が納得できるのである。

ここは約2400年前に、聖占仙人《しょうぜんしょうにん》が宮を開いたといわれる。赤い鳥居と宮を目指してロープウェイの駅から、7分ほど歩く。古代遺跡のような磐座《いわくら》が残るが、そこに向かっていくだけで、圧倒される。白馬に乗った神が降臨したと伝わる注連縄で結ばれた〝馬降《ばこう》石《せき》〟からも力が発せられている。

自分がちっぽけな存在であったり、自分の夢や希望がどれほどまでに都合のよいことばかりなのか？　そんなことを気づかされる。これが修行というものか？　だから、ここはありがたいという心持ちよりも、ちょっと何かが違うのではないか？　自分の道は、これで本当に合っているのか？　など自分をただしてくれるような未知の体験をする所でもある。そんな訓えのようなものを胸に受け止めることが必要なのである。

元宮に拝してから、ロープウェイで降りてきて次に向かいたいのが箱根神社である。

箱根元宮を奥宮とする箱根神社は、奈良時代に高僧の万巻上人《まんがんしょうにん》が元宮に入峰し、霊夢を受けたため里に造営したとされる神社だ。ここは天空に聳える大杉が、生命力を高めてくれ、芦ノ湖畔に建つ真っ赤な大鳥居も印象的。

ここの力は何ごとも大成する、成功を収めるための意志と力を授けてくれるようだ。これはどんな目標であっても、達成するためには方法がある。手を抜くのではないが、近道だってあるのだ。そこに到達できる人だけに、その方法を教えてくれる、後押しの氣に満ち満ちているのだ。自然とそういう方向に導かれてゆくと考えればいい。

富士山の頂上から研ぎ澄まされた力をいただくことは、最終地点に向かって一歩一歩、横道にそれず精進することなのだ。元宮で感じた修行の大切さを忘れずに、高い目標を掲げてそこに到達することは山岳信仰にも共通する。

高い山を拝むということは、興味本位だけではできない。脇道にそれてしまったり、天

富士山のパワスポ神社マップ

西湖
河口湖
河口浅間神社
新屋山神社
無戸室浅間神社
新屋山神社奥宮
北口本宮冨士
浅間神社
413
山中湖
東富士五湖道路
138
浅間大社奥宮
久須志神社
御殿場市
東名高速道路
246
山宮浅間神社
箱根神社
元宮
469
富士宮市
九頭竜神社
富士山本宮
浅間大社
箱根神社
芦ノ湖

候によっては命を落とす危険性もあるからだ。だからこちら側の強い意志も必要なのだ。負けてなるものか！　多少の困難はつきものだという考えを補ってくれる力を、このふたつの神社から受けると大願が成就する。

先に挙げた浅間神社もそうであるが、富士信奉をベースとした所は、他の神社から受けるパワーとは一種異なっている。試練と心構えによって、大きく羽ばたくことが約束されるのである。

船に乗って行く、恋愛のパワースポット

箱根神社の中でもひときわ若い女の子たちでにぎわっている人気スポットが、恋愛運アップの場所とされる九頭龍《くずりゅう》神社だ。本宮は一般道から離れた湖岸に位置する。もちろん歩いていくことは可能だ。箱根園の脇から歩いて30分ほど。しかし月に一度、月次祭《つきなみ》の13日には船に乗って参拝することができるのである。朝7時半に箱根芦ノ湖遊覧船元箱根港で

の予約が開始され、9時10分が1便目。

神職によれば、「月次祭参加の事前の予約はとっていませんが、大体9時までに来ていただき、順に乗っていただきます。2便目が9時半の出航です。その船に神職も一緒に乗って参ります。人数によっては年に何度か3便目が出ることもございますが……」。

往復1000円の乗船券でご神徳に触れにゆくのだが、何しろその日はギャルの嵐。それも浮かれ気分で、実際のお参りの手順も踏まずに〝ワーワーキャーキャー〟やっている人がいて閉口してしまう。この本に出会ったあなただけには、しっかりと正しい作法を守ってほしいものだ。本質を磨《みが》いてお参りしよう。

ここからも富士山は見ていることを意識して、パワーを注入しながら拝むことが肝要だ。恋愛運だけではなく就職や学力向上、そして大きな意味での開運を願うと聞き届けられるのだから。周囲の観光客的な人たちに心が乱されないように。

「箱根園から30分歩いていくのは大変だ!」「13日に行くことができない!」という人もいるだろう。さらに静かにお参りしたいというのであれば、本宮右手にある九頭竜神社新宮でお参りすることもできる。

神職は「ご神徳にお変わりはございません」、さらに「箱根神社の本宮で九頭龍さん、七福神さんのご朱印もと言ってくだされば、書かせていただいております」と話す。

富士山に行けないのなら

「富士山には行きたいけれど、ちょっと遠いしな……」、「頂上まで登る自信はないな！」という人たちの願いを受け入れようとして作られたのが、富士山に行かなくてもご利益を受けられるという富士塚だ。明治時代までは女人禁制の山だったこともあり、女性たちの思いも形にしたといえよう。

基本的に富士塚は、その頂上から富士山を望むことができるように築造された。

だが現在では高層ビルが立ち並び、直接富士山を見ることができるものはほとんどない。しかし、伊勢の遥拝所が各地に作られているように、富士塚もまた、いくつも生まれたのである。

そのはじめは安永《あんえい》9（1780）年に江戸高田（現・新宿区早稲田）に建てられたものだ

よりパワーのいただける**おすすめ富士山ルート**

山梨県側

富士山周辺

- 北口本宮富士浅間神社
- ↓ 車で10分
- 新屋山神社
- ↓ 車で30分
- 奥宮（へだの辻）
  ※4月下旬〜11月中旬まで

↓ 車で40分

河口浅間神社

① 鳥居
↓
② 随神門
↓
③ 美麗石
↓
④ 七本杉
↓
⑤ 母の白滝
↓
⑥ 母の白糸神社

↓ 車で90分

静岡県側

富士山本宮浅間大社
※湧玉池はパワースポット

↓ 車で20分

山宮浅間神社

① 拝殿
↓
② 西宮
↓
③ 東宮
↓
④ 神武天皇社
↓
⑤ 恵毘神社
↓
⑥ 富士ゑびす
↓
⑦ 諏訪神社

↓ 車で70分

三保の松原
御穂神社

↓ 車で90分

箱　根

箱根元宮（※馬降石はパワースポット） → 箱根神社 → 九頭龍神社

ったが、そこに早稲田大学のキャンパスが作られ、昭和39（1964）年に富士塚は破壊された。現在は近くの水稲荷《みずいなり》神社に代わりのものが作られている。

東京都内にはほかにも富士塚が残るが、そこには富士登拝した人たちが持ち帰った富士の火山灰や溶岩を積み上げたものもあれば、すでに存在していた丘や古墳に作られたものもある。その頂上には浅間神社が祀られ、奥宮も里宮もしっかりと奉祀《ほうし》されているところも多い。

私の家の氏神様、鳩森《はとのもり》八幡神社にも富士塚があるが、ここは高田の富士塚が破壊されたあとの最古のものだ。ここは何度か登頂し（？）、千駄ヶ谷富士登山記念というご朱印も頂戴しているが、この神社もなかなかのパワーなのだ。

何せこの「鳩森」の名の由来からして縁起がいい。

『江戸名所図会』によると、昔この神社のあたりは深い林だったが、たびたび吉祥《きっしょう》の瑞《ずい》雲《うん》が現れていた。ある日この地に青空から突然、白い雲が降りてきた。村人たちは〝何事か！〟と怪しみながらも林の下まで行ってみると、そこからいっせいにたくさんの白鳩が西の空をめがけて飛び立ったのだ。これは縁起がよいということになって、この地に小さな祠を建て〝はとのもり〟と名付けたのが始まりという。鳩は幸運のシンボルである。

神殿に進むと、右手にある富士塚のパワーと前方からの強い氣のエネルギーを受ける。前方右手にはアマテラスを祀る神明社があるのだ。さらに摂社の諏訪社のパワーも重なり、より八幡様のご神徳を高めている。幸運が微笑んでいるように感じられる。

本殿参拝のあとに必ず、摂社末社をひとつずつ拝みたい。お伊勢さんのアマテラス、出雲さんに関係するオオクニヌシの息子を祀ったお諏訪さん、そして富士山のサクヤ姫、さらにそのまま10分も歩けば明治神宮という絶大な氣の流れが、まるで白鳩とともに降り注いでいるような空間がここにはある。

もうひとつ、高台の上に富士塚が作られている品川神社もおすすめ！　柔和な氣を発している千駄ヶ谷富士に比べ、ゴツゴツとしていて荒々しさを感じるのがここ品川富士。どんなことにも負けない！　歯を食いしばって頑張ってゆきたい思いが通じる富士である。

ここ品川神社の氣は豪快さと強さに満ちている。それもそのはず慶長5（1600）年、徳川家康が関ヶ原の合戦に出陣したときに戦勝祈願をしたとされる神社なのだ。みごとに勝ちを収め幕府はここ江戸、東京に開かれることになる。祈願成就のお礼として家康がここに奉納したのが、赤面《あかめん》とよばれる天下一嘗《てんかひとなめ》の面。本殿から向かって左手にある宝物殿に残されている。

江戸時代中期に疫病が流行《はや》ったとき、「この面を神輿につけて町々を廻れば苦しみから救うぞ」と、神のお告げがあり救われたという。それから今なお6月の例大祭ではこの面を神輿につけて、無病息災を願うようになった。そんなことからここのパワーは、勝運と健康をもたらしてくれるのだ。

さらにもうひとつ、品川神社のパワーを発している場所をお教えしたい。本殿右手にある阿那《あな》稲荷神社だ。赤い鳥居をくぐってここをお参りしたあと、階段を下ると社がある。入って正面に末社の八百萬神社、大國主恵比須神社、天王白龍辨財天社が祀られ、右側に神殿。ここが上で参った阿那稲荷神社の下社なのである。上社は天の恵みの霊、ここ下社は地の恵みの霊が祀られる。石で作られた小さな祠の前に「一粒萬倍《いちりゅうまんばい》の泉」とかかれた霊水が湧いているのだ。そしてその前にはザル。ここでザルに入れて印鑑やお金を洗うと商売繁盛すると言われる。実はこのほかにもお金を洗うと金回りがよくなるご利益の場所として、鎌倉の銭洗弁天《ぜにあらいべんてん》や京都の御金《みかね》神社、東京赤坂の豊川《とよかわ》稲荷社などがあるが、品川のここ一粒萬倍の泉はまた格別。

銭洗いというから、百円玉や十円玉を洗うのが普通なのだが、ひとつコツを！　ここでは1万円札など、お札を破れぬ程度に洗うといいのだ。それを乾かして持っていたり、こ

鳩森八幡神社にある“千駄ヶ谷富士”

の近くの商店で使ったりすると、金回りが確実によくなってくる。

富士の力をいただき、お金も入ってくるようになるなんて、実にありがたい神社なのだ。

ただし、これまた本殿も上社も寄らずに、ましてや末社の八百万の神にも挨拶せずに、お札を洗う行為だけは慎まなくてはならない。そうだ！　神様は見ていらっしゃるぞ！

品川富士で銭洗いする著者

第5章

合田道人厳選！
必ず行くべき
ほんもののパワスポ神社

「パワースポット」を信じていなかった私

この一年間、いろんな神社に私は参拝させていただいた。私のご朱印帖には、一年だけで191社ものお名前が並ぶ。訪れたとき社務所がなかったり、すでに社務所が時間外で閉まっていたりという所もあったので、実際に伺ったのはもっと数が多いだろう。

しかし、この一年、私はわざわざ神社に行くために北海道だ、長野だ、宮崎だ……と行ったわけではなかった。すべて仕事でその近くによばれ、レンタカーを借りて回っただけのことだ。

それに、私はこれまでどちらかといえば、こういった非現実的なこと、神のパワーだか氣だか分からないが、そういうものを心底信じてはいなかったように思う。いや、歩いているうちに神社があったら拍手《かしわで》を打つぐらいはするし、自宅と会社にある神棚のお水とお酒を毎日替えるくらいのことはしていた。でも、それは習慣のようなものだった。

だが各地の神社を巡るうちに、確かに何とも表現できないようなものに出会ってきた。

それは出雲大社の素鵞《そが》社《のやしろ》であったり佐太《さだ》神社だったり、伊勢神宮の御垣内だったり、言葉で表現できないものを何度か見せつけられた。それはまるで、神社を巡ることが私の修行だったかのように……。そして、私は決定的な体験をすることになる。

ご朱印集めを、私の専属ピアニストである鳴海周平に教えられて始めてから、ちょうど一年後。私は天孫降臨、つまり現在の天皇家の先祖とされる天の神たちが地上に降りてきたといわれる、宮崎県の高千穂峡にいた。1年前、ご朱印帖を北海道で求めた翌週にも訪れていたから、ここも一年ぶりだ。前日には、宮崎高千穂とともに、ここぞ天孫降臨の場とされる、宮崎県と鹿児島県にまたがって聳える霧島連山のほうの高千穂峰にある霧島神宮を詣でていた。この山頂には天降りしたニニギノミコトが突き立てたとされる天逆鉾《あまのさかほこ》が残される。その霊峰を背にして建立されているのが霧島神宮である。

社殿が織りなす秀麗な美しさに息を呑む。人間の心の中には貴いものを受け神聖な部分を思い起こさせる能力がある。それを引き出してくれるパワーを発しているのがこの神社なのだ。本当の歩むべき道がはっきりと見えてきたり、聖なる本来の自分の姿に戻してくれる。新たなる出発、何かをスタートさせるときに変革を起こす力がここを詣でることで備わるといわれる。

私がここを訪れた一日の摩訶《まか》不思議な体験談を話してから、この章の扉を開けようと思う。私はここで、神のパワーだか氣だか、そういうものは実在するのかもしれない、いや、実在するのだと信じざるを得なくなる体験をしたのだ。

霧島六社で体験した摩訶不思議

その日も周平と一緒だった。観光客があふれるニニギを祀る霧島神宮に詣でたあと、レンタカーで15分ほど、高千穂峰登山道入口脇の高千穂河原にある古宮跡を訪ねた。ここの正式名称は、天孫《てんそん》降臨《こうりん》神籬《ひもろぎ》斎場という。駐車場に車を置き、そのまま斎場への道を5分ほど歩く。まっすぐの道を右に曲がると、斎場への階段が見えた。

そのときである。体を右に向けた瞬間、まるでドカーンと雷が落ちたような、いや強い風が通り抜けたような衝撃を受けたのだ。何も変わった風景ではないはずなのに、ドーンと音を立てながら、神様がお出迎えしてくれたような感じを受けた。これまで体験したものとは、全く違った。言葉で言い表すのはちょっと難しい。

たとえば今まで感じたパワーを風速20メートルの強風にたとえるなら、今回のそれは50メートル？　１００メートル？　いや、それ以上。何しろ未体験の衝撃といわなくてはならない。二人して「ウワ〜」と声を上げ、恐る恐るゆっくりと階段を上った。鳥居が見えてくる。何がなんだかわからない、言いようのないすごさが迫ってくる。これを本当のパワーとよぶのか？　氣というのか？　これ以上、鳥居をくぐって前に進まなくても十分だ！　とさえ思った。周平も同じものを感じていた。何しろ、今の今まで受けたことのない別物のエネルギーとでも申そうか。やっと鳥居を通り、そのまま進むと磐座《いわくら》があった。「ああ、ここなのだ」と実感させる崇高なパワーに、ただただ頭を下げるのだった。いや、下がるだけだった。

何かを求めようとしたり、下心たっぷりで神社を廻っていても仕方がないということが少しずつ分かりかけていた気はしていたのだが、神が降誕したとされるこの地に到達して、「ここからがやっとスタートなのだ！」ということに気づかされた。

霧島神宮の衝撃をそのまま引きずりながら私たちが次に向かったのは、霧島東神社だった。第1章でも少し触れたが（31ページ）、木に結ばれた注連縄の間を通る、荘厳かつ重厚な氣を持つ神社だ。天逆鉾《あまのさかほこ》はこの神社の社宝である。引き込まれるように二人はそのまま拝殿の中まで靴を脱いで進み、感謝を捧げていた。

車の中で二人はほとんど口をきかなかった。これは珍しいことなのである。重々しい空気なのだが、それは別段苦しくも悲しくもない、何かあたたかい余韻に浸るような沈黙だった。そしてやけに眠たい。

とんでもない初体験は続く。無言のまま、次に訪ねたのは初代の天皇に即位することになる神武天皇生誕の地といわれる狭野《さの》神社だった。

境内に聳える狭野杉は高さが61・3メートル、幹回りが9メートルもあり、確かにその気力に最初から圧倒されていたことは認める。そのまま古い本殿に向かい拍手を打っている途中に、突然それは起こった。またまた今までかつて体験したことのない、今度はめまいだ。何かが体中を駆け抜けるような衝撃波に急に襲われたのだ。私は正直たじろいでしまった。

さらにご朱印をお願いしたときに、2度目のめまいに襲われたのだ。いや、めまいとはちょっと違う気もする。何なのだろう？　体の中に何かが走った、そうだ！　まるで急に大地震に遭遇したような衝撃とでもいおうか。それともエネルギーというものがあるのなら、それが注射器か何かで体に注入されたとでもいおうか。

ご朱印を書いていただきながら、ふらつく体を社務所の柱に支えてもらうようにして神職に「すごいパワーですね」と言った。すると「氣ですね。感じる方はすごいらしいですね」と話されていた。本殿が建つエリアを出た場所に注連縄で囲まれた一角があり、そこがパワスポとよばれているらしいが、そこからビンビンと氣が伝わってくるのか？　私はそこには直接行かなかった。いや、行けなかった。ただそれこそ氣の枯れを一瞬にして修復していただいたような感じだけはつかめたのである。氣の枯れ、穢れである。

それでもまだ心底信じられない私は、帰京後すぐに、悪い病気ではないか？　と、病院に行った。ところが、全く悪いところは発見されなかったのだ。それから一度としてそのめまいのような体験はしていない。あのときだけなのだ。

それどころか、ここ一年ほど私は寝違えたように首が痛かった。左右に曲げると痛くて、それ以上回らなかった。周囲からは「五十肩？」などからかわれていた。実際、何度マッサージにかかっても、気功の先生に診《み》てもらっても治らなかった。先生曰く「悪いとこないはずなんだけどなあ」と不思議がっていたのだが、あの衝撃的なめまいのあと、首の痛みは消え失せていた。それが神のパワーだといってしまうのは簡単なのだが、それでもまだ腑に落ちなかった。

龍神様の姿をした杉の大木

この日は、続けて霧島岑《きりしまみね》神社へ。古びた幽玄な神社だったが、ここではご朱印をお願いすると、「どちらからおいでですか？　東京からですか？」と話しかけてくれ、宮司がなぜかお守りをくださった。購入していないのにである。もちろん知り合いでも何でもない。これまた初めての経験だった。ここは落ち着かせてくれる力と不思議な感動を与えてくれる神社だった。

そしてそのあと、予定になかったはずの東霧島神社へ、よばれるような格好で詣でるのだ。

東霧島神社、これは〝ひがし〟と読まない。〝つまきりしま〟神社と読むのだが、〝つま〟には東の端という意味がある。確かにここは霧島地方の東端といっていいだろう。

ここの神社のパワスポ度も実に高かった。それも何カ所にも分かれているのだ。本殿の力強さもさることながら、本殿へ上る石段の左側に立っている樹齢1000年を超す大楠は、中を通り抜けることができる。そこでは、あたたかいものに包まれるような感覚を受けた。またイザナギが持っていた剣で石を三段に切ったとされる神石からは、霊氣が漂っているのを感じた。確かに寸分のたがいもなくスパッと切ったようなその切れ口の石は驚きに値するが、そこから独特なパワーを放っている気がするのだ。私は正直〝自分は、どうなってしまったのだろうか？〟と思っていた。

ここ東霧島の守護神とされているのは龍だ。社殿から階段を下りると、龍王神水という場所がある。龍王は人間にとって絶大なる幸運、開運、厄除けの力を発揮する守り神。吉祥を授け人々を守護する神秘性をもっている。この世で遭遇する苦悩から人々を救うために、ここに鎮座し霊水を与えているというのだ。銭を洗い身に納め、病の人は霊水をいただくと快癒するといわれる。その水をポンプでくみ上げると、まるで動き出しそうな龍の口から吹き出してくる。その勢いがいいこと。

社殿奥の柱や扉にも、昇り降り龍がみごとに描かれている。そんな龍神が祀られているこの場所に、まさに不思議な自然現象が起こっていたのだ。

境内から下りてすぐの場所にある樹齢４００年以上とされる大杉の枝。私にはどうしても龍に見えるのである。

周平もそう言う。写真を撮ってみた。あなたは龍に見えないだろうか？

東霧島神社の樹齢400年の杉。あなたにも龍に見えるだろうか？

私たちには龍以外の何ものにも見えなかったのである。それも角に、髭《ひげ》まで。宮司に話を聞いた。「毎日、社殿の行き帰りはそこを通っておりましたが、私は気づかなかったんです。参拝の方に教えられまして見てみますと確かに龍神様です。ほんとうに摩訶不思議です」。

あなたには訪れてほしい、パワスポ神社リスト

この霧島のパワーを受けてから、まだ1カ月しか経っていないことに驚いている。私は作家ではあるけれど、音楽や芸能を専門としてきた。神道家でもなければ宗教家でもない。まだまだ勉強足らずだ。だからもちろん訓《おし》えというものを授けることはできないが、目に見えない、計算では成り立たない衝撃やパワー、自分の知らない世界はあるのだなと考えるようになった。そしてあなたにも、そのパワーに少しでもたくさん触れてもらいたいと思った。理屈ではない。自分が回ったことで、いろんなものが見えてきたし、そ

のパワーに感謝することを憶えたからかもしれない。

ただブームにのるのではなく、自分を探しに、もっともっと大きな自分の人生という名の道を歩むために、しっかりとパワーを訪ねにいろいろな神社へ出向いていただきたい、そう思うのである。

だから、この章では「本書を読んでくれたあなたにだけお知らせしたい！　と思う、私がこの一年で訪れた中から厳選したパワースポット神社」を並べよう。

「えっ？　ここもすごいよ！」とか「あの神社が抜けてない？」とお思いの向きはお許しいただきたい。実はほかの本や話で「ここぞパワスポ！」と聞いてお邪魔したのに、私には全くそう感じられなかった場所もある。現に霧島六社のあとに訪ねた噂に名高きパワスポ神社には、感動もなければ力も感じなかったのだ。実はそういう神社のほうが多いことも知った。しかし、そこは私だけが何も感じないのかもしれない。よく「神社にはその人に合う、合わないがある」という（しかしそれまたナンセンスではあるのだが……）。反対にここは誰も取り上げていないけれど、絶対行ってほしい！　と思う神社もある。

あなたも困ったときの神頼みを卒業して、本質で、本心で神社に行こう。そうしたら、きっと絶大なパワーをいただけるはずなのだ。

さあ、私、合田道人《ごうだみちと》がこれまで訪れた中から、忘れられないベスト・パワスポ神社をセレクトする。どこも、言葉では片付けられない力を秘めた場所なのである。

北海道神宮《ほっかいどうじんぐう》(北海道)

北海道札幌市中央区宮ヶ丘474
011-611-0261

私のご朱印帳の最初に書かれた神社である。わが故郷《ふるさと》、北海道の開拓は明治時代になってからのことだ。いわゆる蝦夷地《えぞち》とよばれた雪と氷の大地を、現在のような北の浪漫の都へと変化させていった先人たちの苦労は並大抵ではなかったと思う。北海道開拓当時は北方の大国ロシアの脅威にさらされ、さらに樺太や千島に進出を進めていたため、ロシアに対する守りを固める目的でこの社は創建された。そのため大鳥居が北東を向いている。これは守り神たちがロシアへ睨《にら》みをきかせるという意味か。

大国魂神《おおくにたまのかみ》、大那牟遅神《おおなむちのかみ》が祭神だが、これはともに出雲のオオクニの別称。さらにオオクニとともに日本の国造りに励んだとされるスクナビコナが、開拓三神として祀られているのだ。

開拓時に明治天皇の勅命によって建立されたため、昭和39（1964）年になって明治天皇も増祀され、その際にそれまで札幌神社とされていた名が、現在の北海道神宮に改称された。神宮は皇家に由来していなくては名のれない社格だ。確かに明治天皇が増祀されたあとから神宮とされてはいるが、皇家に日本国を譲った、言い方を変えれば奪われたオオクニが神宮の祭神になっているのは、実に珍しい。

さらに末社の開拓神社には、それまでの蝦夷から北海道と命名した松浦武四郎《まつうらたけしろう》、樺太を探検し間宮《まみや》海峡を発見した間宮林蔵《りんぞう》ら、北海道開拓の功労者が37柱も祀られている。

ここは、今は苦しい、または何も結果を出せていないが、強い意志を持ってお参りすると、必ず最後には花開くという神氣にあふれている。ここから神社めぐりをスタートさせた私は、そのパワーをまさに確実にものにしたということになるだろうか？

お神酒《みき》といえば普通日本酒だが、ここでは梅酒である。梅といえば厳冬を越してやっと春が訪れたときに最初に咲く花だ。厳しさを越えてみごとに花を咲かせたい、そんな思いを抱いている人には、断然おすすめのスポットである。

蕪嶋《かぶしま》神社（青森県）

青森県八戸市大字鮫町字鮫56‐2
0178‐34‐2730

金運、商売繁盛、さらに芸能の神として、ここのところ注目を浴びている神社。

この町を歌った民謡「八戸小唄《はちのへこうた》」の歌碑の横に真っ赤な鳥居が建ち、階段を上ると第2の鳥居。八戸港内にある周囲800メートル、高さ20メートルほどの陸続きの小島の上に辨天《べんてん》様を祀る。

ウミネコが辨財天の使いとして大切にされてきた結果、この島全体が繁殖地となったという。神社一帯は、ウミネコの繁殖地として天然記念物にも指定されている。繁殖期は2月下旬から8月の間。詣で中にウミネコにフンを付けられると〝運気向上〟とされ、証明書が社務所からもらえるという面白い運開きの神社でもある。

私がはじめて訪ねたときは、もうウミネコは飛び立っていていない時期だったが、どこかウキウキする氣を持つ場所だった。島を3周回ってから参拝すると心身が祓い清められ、さらに大きな運が開けるとされる。そのあとに本殿に向かおう。

ここは金運が上がる神社といわれるが、そのゆえんは、蕪嶋神社の名前からだ。そこから株価の安定、株投資家に人気のスポットとなった。

神社前の瓢簞《ひょうたん》をなでると株価が上がるとされ、〝かぶあがりひょうたん御守り〟も人気だが、同時に人としての〝株〟も上がる場所とされているから、あなたも是非！

榛名《はるな》神社（群馬県）

群馬県高崎市榛名山町849
027-374-9050

榛名湖を囲む榛名山の中腹にあるが、本殿へ歩くまでの参道ですでにパワーを感じさせてくれる。入口から清流沿いに約700メートル、マイナスイオンを体中に浴びながら、自然と自分の中の本当の力、都会の喧騒の中で忘れがちな大切な力を与えてくれる。

参道を抜け、怪石の中に聳え立つ本殿の姿は、驚きと同時に神の存在を意識せずにはいられない。

自然現象でできたこの岩の裏に潜む天を突くような絶大な力は、まさに名を成すための神社のものといえる。有名な人になりたい、それは社会的にでも会社内でも学校内でもいいのだが、功績を上げ名前を浮上させる。人の上に立ちたい、目立った存在をめざす、またはいつまでも一目置かれるようになる存在になりたい人が、真剣に拝めば拝むほど、成功への道しるべを示してくれる。

一歩ずつ本殿に近づくにつれて、それは自信につながってゆく。ただし自信だけでは人に認められることはない。人に認められるためには自分の才能と努力、さらに周囲の力が必要なのである。その周囲の力ともいうべきもの、背後から押し上げてくれるような聖地のパワー全開の場なのである。

ただ努力もせずに夢だけを追いかけている場合は、パワーが強い分だけ逆効果となるから要注意。すでに名を成した人たちは現在の地位を下げることなく、地位の確保やさらに上昇気流にのることを心して拝すとよい。

拝す日が好天の場合も、そのパワーは大きく発揮されるが、少し曇りや小雨にけむるような天候であった場合の参拝も悪くない。それは好天のとき以上に、〝炎の力を消すまい〟という力が作用されるからである。神社めぐりをする日、私はほとんど雨に当たったことがないが、このときだけは珍しく雨天だった。それがまた趣《おもむき》を際立たせていた。

那《な》須《す》神社（栃木県）

栃木県大田原市南金丸1628
0287-23-3281

源平合戦、屋島の戦いで扇の的《まと》を射たという那須与一《なすのよいち》の出身地とされる場所。伝説では那須温泉神社に必勝祈願に訪れていた源義経《みなもとのよしつね》と出会い、与一を源氏方に従軍させる約束を交わしたという。何しろここの境内に入ると古びた重厚な神々しさを感じる。仁徳天皇時代（313〜399年）の創立で与一が奉納したという太刀《たち》も残り、歴史を肌で感じることができる空間を持つ。

八幡神社なのだから当然応神天皇を祀っているのだが、元々はここに金瓊《きんけい》を埋め塚を築き、祠を建ててアマテラス、ヤマトタケル、春日大神を祀ったのが始め。本殿後ろには、今も古い塚があり、そこがパワスポだ。癒しをくれるこの場所は〝金丸〟という地名でもあり、〝ここそ黄金の玉を埋めた所では？〟と思われるのだ。

そんなことからか、ここは金運アップのための神社だといえる。どこか妖しい氣が充満する社殿や塚に祈りを込めることで、〝浮かび〟が起こる。

金運アップは宝くじ当選など目に見えるものだけではない。すばらしい人や仕事に出会うことで、金回りがよくなるとも解すのである。さらに本殿に一心に拝することで勉学、文化継承、発展にもご利益がある。

鷲子《とりのこ》山上《さんしょう》神社（栃木県）

栃木県那須郡那珂川町矢又1953
0287-92-2571

ここの神社は何しろ珍しい。真っ赤な大鳥居の中央が、栃木県と茨城県の県境なのだ。鳥居に上がる石段の真ん中に、ここが県境と書かれている立て看板が置かれている。

栃木と茨城にまたがる標高470メートルの鷲子山頂に建つ神社は、樹齢1000年ほ

鷲子山上神社の大鳥居の中央が県境になっている

どの杉をはじめ、老樹大木が鬱蒼《うっそう》と生い茂る。ここは天日鷲命《あめのひわしのみこと》といわれる鳥の神様がご祭神で、そのため別名〝ふくろう神社〟といわれている。〝ふくろう〟は〝不苦労〟なのである。

苦労が不《な》いということはすばらしいことなのだが、ここはそうなるためにやらなければいけないことを教えてくれる力が神社全体から発せられている。

日本一大きなフクロウの像が目を引くが、フクロウ御柱《おんばしら》は叩くと金運に恵まれ、なんと宝くじの高額当選者が続出しているのだ。さらに幸運を祈りながら一回叩くことでご利益があるフクロウの鐘、フクロウの石像を撫でて水をかけることで苦労を流す水かけフクロウなどもスピリチュアルな装いを醸している。

敷地内にある伍智院の中には、かの水戸光圀《みとみつくに》、黄門様が立ち寄り休憩したという部屋も残っている。予約すると拝観可能で「黄門様が、ここにお座りになったのか」と感じさせるパワーを持つ。

鹿島《かしま》神宮(茨城県)

茨城県鹿嶋市宮中2306-1
0299-82-1209

出雲から国譲りをスムーズにクリアしたタケミカヅチが祀られる鹿島神宮は、まさに勝負ごとにめきめき強くなるパワーを授けてくれる。それだけではなく見逃せないのが出発や旅立ち、スタートラインに立つ人たちのために、強いご神徳を表してくれる神である。旅の安全なども守ってくれる。

いつ参拝に訪れても実にすがすがしく、心が引き締まる思いがするが、ここの大鳥居は崩れたまま。あの東日本大震災で崩れ落ちてしまったのだ。2014年に再建予定。

ここは断然、午前中に参拝することをすすめる。それもできれば8時とか9時とかに詣でたい。朱色のあざやかな楼門をくぐり本殿に詣でる。新しいスタートの氣を注入してくれる。だからこそ朝なのだ。生まれ変わる朝なのだ。ここがめざめの氣にあふれていることを実感するだろう。そこでしっかりと拝したあと、摂社末社をひとつひとつ丁寧に詣でながら、奥へ奥へと進む。

やがて右手に奥宮が見えてくる。ここは勇気と落ち着きをもたらしてくれる。奥宮から向かって左手にある小径を入って行くと要石《かなめいし》というスポットがある。この石はいくら掘り続けても根元に届かないといわれ、その下で大きな鯰《なまず》を押さえ込んでいると考えられている。そのため地震が起きないようになっていると古くからいわれていた。ところが先年の東日本大震災でこの神宮の大鳥居が崩れたのだ。

となれば今、生きるすべての人々に「このままでいいのか」「このままでは日本はどうなってゆくのか」を問い質《ただ》しているに違いないと思われる。この地震や津波で人々は自然の脅威を改めて知った。科学や計算では割り出せないものがあるということに気づいた人への旅立ちの祝福をしてくれるのがこの場所なのだ。

奥宮へと戻り、もう一度、頭を下げてからまっすぐ階段を下りてゆくと、御手洗池《みたらしのいけ》が見える。青く澄んだ池の中に立つ鳥居は神秘の頂点を演出しているが、この池はどんな身長の人間が入っても、乳房より上には水がいかないと伝わる。以前は船でここまで続いていたとも、ここが禊祓いの御手洗所だったともされる。

玉前《たまさき》神社(千葉県)

千葉県長生郡一宮町一宮3048
0475-42-2711

九十九里浜、日本の東の端に位置する上総《かずさ》の国の一宮。ここは平安時代から延喜式内名神大社として知られた神社である。昔より氣のよい所に建てられているため、お参りすると吉事が起こるとされている。日の信仰により、特に男性は再生や事業の発展運に恵まれ、女性は月の信仰により子授かり、子育てなどの霊験がある。源頼朝が妻の政子の懐妊に際して安産祈願をしたのが、この神社だ。

現在、平成の大修理中で祭神は別宮に祀られているが、正式参拝や祈禱などでも、神楽を奉納してくれる。私が参拝したときなどは、宮司がわざわざ笛を奏でてくれたほどだった。宮司によれば、霊験をさらに高めるため、スサノオの力を借り、パワーを磨いているという。歴史が古いだけの名ばかりの神社ではなく、氣の増大を日夜、神に捧げ求めているのだ。

神社入口にあるご神水もそのひとつ。その水の味は鉄くさい。口をつけると思わず「わあ、鉄だ！」と発してしまうほどに鉄分たっぷりだ。鉄分不足になりやすい女性にはうってつけかもしれない。

ほど近くに一宮館《いちのみやかん》という旅館がある。ここはあの芥川龍之介《あくたがわりゅうのすけ》が後に妻となる文《ふみ》さんに、結婚申し込みの恋文を書いた宿として知られている。龍之介が恋文をしたためた離れが、今も残されている。私はここを舞台にした歌も歌っているが、一宮館の持つ独特の風情は玉前神社の氣にどこか似ている気がする。恋の出会い、結婚、さらに子供への愛情などに力を発する玉前神社の恩恵がここにはしっかりと通じているのだ。

龍之介が使っていた離れも、龍之介が入ったというナトリウム塩化物温泉も風情がある。あわびなどの食材が並び、旅の疲れも和《なご》ませてくれる。

氷《ひ》川《かわ》神社（埼玉県）

埼玉県さいたま市大宮区高鼻町1-407
048-641-0137

北野武《きたのたけし》が名付け親である芸名、氷川《ひかわ》きよしの由来となったのは東京赤坂にある氷川神社だったし、山下公園に係留されている氷川丸の名の由来も氷川神社。船の操舵室にはその分霊の神棚も祀られている。

大宮の氷川神社は武蔵《むさし》国の一宮で、ここが総本社である。氷川神社は全国に200以上の分社をもつが、そのうち161社がなんと、埼玉県内にある。しかしこの神社の祭神は、まぎれもなく出雲の神なのである。それなのになぜ埼玉だけに集中したのだろう？　それは、この地に移住してきた出雲系の氏族、武蔵氏がスサノオを奉じたのが、この神社のはじまりだったからだといわれる。武蔵国の名前の由来は詳《つまび》らかではないのだが、この武蔵氏に関係していると思われるのだ。

大宮総本社は、今から約2000年前の、5代孝昭《こうしょう》天皇の御代《みよ》に創立されたと社記にある。境内も広いが、ケヤキ並木が続く氷川参道がまた長い。神社までの道のりは南北におよそ2キロもあるのだ。

参道の大鳥居は中山道と分かれる位置に一の鳥居、大宮駅に近い二の鳥居、神社入り口の三の鳥居からなる。受験、就職、縁談など人生の節目節目、出発地点に大いなるパワーをもたらしてくれる。もちろん出雲の神様なのだから出会い、恋愛成就もOK。

しかもここのパワーは、本殿だけではなく、数多い摂社末社にもあるのだ。宗像《むなかた》さんも石上《いそのかみ》さんも松尾《まつのお》さんもあれば、天神さんも住吉さんもいらっしゃる。摂社末社だけで13社。有名どころの高貴な神々がたくさん集っていることもあり、多くの力を受け入れられる場所なのである。

本殿をお参りしたあとに、時間をかけてしっかりと摂社、末社ひとつひとつをお参りすると、大きな力に変わってゆく。摂社末社が多い神社はほかにも多々あるが、その場合どうしても主祭神の力だけが前に出てしまい、各摂社や末社のパワーが薄れてしまうことが多い。それは仕方のないことだし、それでいいのだ。

ところが、ここの氷川はスサノオ、さらに共に祭神とされるお嫁さんのクシナダ姫、大《おお》己貴命《なむちのみこと》、これはオオクニの別称だが、それら出雲の大神たちのパワーを全く損なうことなく、それぞれの神のパワーが遠慮せずに満ちあふれているのである。それがより氷川神社全体の力を強力にしている。

見落としがないように本殿拝殿を拝したあとに、新札授与所でご朱印とともに、由緒書をいただけば境内の案内図がついているので、参考にしたい。

靖《やす》國《くに》神社（東京都）

東京都千代田区九段北3-1-1
03-3261-8326

ある意味、私にとって人生を変えてくれた神社だ。この神社の興りは明治2（1869）年に建てられた東京招魂社《しょうこんしゃ》に遡《さかのぼ》るが、当時の日本は明治維新の過程にあり、開国派と鎖国派の対立が激化した。そんな状況下で幕府は天皇に政権を返上、日本は天皇を中心とする近代的な国造りを進めたのだ。だが、その渦中に戊辰戦争が勃発、多くの命が失われた。国家のために命を捧げた人々を後世に伝え、みたまを慰めようと創建された神社こそ靖國神社なのである。だからここの祭神は神話の世界の神様でも、天皇でもない。戦いのため命を落とした英霊といわれる神たちなのである。

どうしても先の戦争、大東亜戦争（第二次世界大戦）で亡くなった人を祀った神社としてクローズアップされてしまうが、ここは維新のために命を落とした坂本龍馬《さかもとりょうま》も吉田松陰《よしだしょういん》も高杉晋作《たかすぎしんさく》も祀られている。いわば幕末の志士たちだ。さらにその後の西南戦争や日清戦争、日露戦争、第一次世界大戦、満州事変、支那事変（日中戦争）などで亡くなった人たちのみたまも祀られている。その数、全部で246万6000余柱。

西南戦争なら西郷隆盛も？　いや、たとえ明治維新の功労者であったとしても、その後に叛乱《はんらん》を起こしたり、加担したとみなされる人物は数えない。だから隆盛は祀られていないのだ。その一方で軍人だけではなく、戦場で救護のために働いて命を散らせた従軍看護婦や女学生、学徒動員中に軍需工場で亡くなった学徒、民間人も同じように神とされているし、戦争犯罪人として処刑された人もいる。それらが靖國問題に発展しているひとつなのだが、私はこの神社の氣が大好きなのだ。

お国のために働き、そして現在の平和を授けてくれた神たちへの感謝を捧げ、ごくごく普通に生きている現代の人間たちにとって平和の礎を築いたのは、ここに祀られる幾多の神たちのおかげであることを知らせたくなる。

ここのパワーが最大となるのは春の桜である。私の歌手デビュー35周年記念のCDアルバム『全曲集』（徳間ジャパンコミュニケーションズ）のジャケット写真は、お願いして満開の桜が舞う靖國神社で撮影させていただいた。その桜の花びらは、靖國に集まった戦争で亡くなった人たちのみたまそのものなのだ。ひとひらごと、美しい姿に変えているのだ。だから風に舞う桜の花びらは皆、みたまだ。そんな氣を境内いっぱいに放っている。

そして、夏のみたままつりの頃のパワーも普通ではない。お盆は神道から発した言葉という話は先にしたが、一斉にみたまたちが神社の中を通りすぎ、ここに息づいていることが分かるのだ。私は毎年、みたままつりで日本歌手協会の理事として歌奉納をさせていただくために能楽堂の舞台を踏んでいる。もう十数年、構成と司会と歌を歌わせていただいているがその間《かん》、ここ靖國を題材とした「九段の母」を歌った塩《しお》まさるさんも亡くなる直前までこの場で歌ったし、田端義夫《たばたよしお》さんも「梅と兵隊」「かえり船」を歌った。引退した二葉百合子《ふたばゆりこ》さんの「靖國の母」や「岸壁の母」にも涙した。

2013年の7月15日には、88歳になる元特攻隊員の三島敏夫《みしまとしお》さんが「同期の桜」を歌った。「歌っているうちに戦友たちの顔がほんとうに浮かんでくるのですよ」と涙で声にならない。あべ静江《しずえ》さんが「みずいろの手紙」を歌ったときは、歌いながら号泣していた。どうしたのか？　と訊ねると、「あの時代、手紙というものを通じてしか、内地の女性から戦地の愛する人には心を伝えられなかった。それもほんとうに彼の元に手紙は届いているのか？　それすら確認する術《すべ》もないんですよね。歌っている最中にまるで映画のように、ご本殿と暗い雲の間に兵隊さんと手紙をしたためる女性の姿がくっきり浮かんできてしまって……」。

２０１３年は歌奉納を始める３時間ほど前から、記録的な豪雨が東京地方を襲った。それこそバケツをひっくり返したような状態だった。ちょっと小降りになったときに、奉納する歌手たちと御手水で身を清めたあと、本殿まで上がらせていただき感謝をこめて参拝したが、参拝を終え、ふたたび御手水の前を通り過ぎたとき、その後ろの屋根から水が勢いよく流れ落ちたのだ。それはまるで滝のようだった。神職曰く「こういう状態になるのは、年に何度もない光景です」。まるで罪穢れをすべて洗い流してくれたようだった。そしてその後、雨は嘘のように止んだ。空には夕焼けが広がり、やがて陽が落ち、歌奉納が粛々と進められた。

今、私は子供たちのために、童謡を通して、戦争のことや、二度と起こしてはいけないという思いを、あえてこの靖國の場でも伝えている。同時に今の幸せを作ってくれた神様となった人々への感謝を説いているのだ。

ここはある意味、父親だったりだんなさんだったり、子供、おじいちゃん、はたまた隣りの家に住んでいたお兄ちゃんやお姉ちゃんだったりという、身近な人たちが神という形になった特異な場所なのである。その身近さがいろいろなシチュエーションを作り上げ、驚きの場面を目にさせるのだ。是非ここでは特別参拝をすすめたい。

本殿の中のお庭の氣は、何度訪れても思わず〝ウォーッ〟と声を発してしまうほど。それが晴れていても、雨であってもなのである。神職にお祓いを受け、本殿の前まで進む。揺り動かされるような何かが、平和への感謝へと変わったとき、自ずと今、自分は何をすべきなのかということに気づくだろう。私にとってそんな気づきをくれたのは、神たちであると同時に、ここで友人のようにいろいろと話をしてくれた神職の人たちである。

季節を通しておすすめしたい隠れパワスポは、拝殿から中門鳥居を一度抜け、そのまま参集殿を通り左折してまっすぐ歩くと見えてくる神池《しんち》とよばれる池。スーッと疲れが取り除かれる。ここにいる神たちは今の平和を見ているのだ、見守ってくれているんだな、同時になまぬるくなった自由人たちへは、苦悩を知らしめる力も発揮するのだろう。ほかの神社とは全く性質を異《こと》にしながらも、力強い神氣がここにはゆらゆらとうごめいている。

代々木八幡宮《よよぎはちまんぐう》（東京都）

東京都渋谷区代々木5－1－1
03－3466－2012

こんな大都会の中に、こんな神秘的な杜《もり》があるとは……と不思議な感じを与えるのが、この八幡宮。夜中もひっきりなしに交通量が減らない東京の山手通り沿いに位置するが、階段を上って、または駐車場へとそのまま車で坂を上って境内に入ると騒音が瞬間、耳に入らなくなる。そしてその古めかしい氣が充満していることに気づくのだ。

それもそのはず、この境内には代々木八幡遺跡というものがある。昭和25（1950）年、ここの境内から縄文時代の住居跡や遺物が発見され、今では竪穴式の住居なども復元されている。4500年も前、縄文時代に生きた人々はこの聖なる地に居を構え、神に祈りを捧げて日々の暮らしを営んでいた。そんなことを考えるだけで、自分の心の奥底に潜んで眠っている何かが再び芽吹いてくるようなのだ。

直木賞作家であり、『肝っ玉かあさん』や『御宿かわせみ』シリーズの脚本家でもある平岩弓枝《ひらいわゆみえ》さんのご実家がここである。ここの神社で私は『童謡の謎』の講演をさせていただいたことがあるが、何ともいえぬ落ち着きを感じさせてくれる第一印象を持った。

ここはそういう意味では、直観力が研ぎ澄まされる場所なのである。同時にやすらぎの世界を感じ取ることができる。特にここのご神木のパワーは抜群。木にもたれたり、抱きついていると、困ったな、とか、どうしたらいいのかな？　と思っている迷い事や胸のむしゃくしゃが、まるで目に見えるように解消されるのだ。私はここで木にもたれたり、手をついたりするだけですぐに眠くなってしまう。

よくここに立ち寄って、本殿をお参りしたあと、たとえ夜中であっても、パワーを注入してもらいに木に抱かれに行く。神様からのメッセージを自然に受け取ることができるスポットなのだ。

本殿右手にある出世稲荷神社もいい。ここには仕事の量が増えるというご利益がある。

平田《ひらた》神社（東京都）

東京都渋谷区代々木3-8-10
03-3370-7460

国学の四大人《しうし》とよばれる神道家の平田篤胤《あつたね》を祀った神社だが、その思想は尊王攘夷の支柱となり、明治維新の原動力となった。篤胤が古典文化復興と宗教改革を通じ、日本近代化の先駆者であることは島崎藤村《しまざきとうそん》の「夜明け前」に描かれているとおりだ。そのためここは学問や文化、医学、健康、世直しの神として知られている。篤胤はまた妖怪変化の研究者としても、今またクローズアップされているのだ。

昭和62（1987）年、昭和天皇が手術の際、執刀医だった森岡恭彦《もりおかやすひこ》氏がここを参拝してから宮内庁病院へ向かったというエピソードが新聞に報道されて以来、手術の成功を願う医師や患者、ひいては健康祈願で参拝する人々が絶えないのだ。

さらにここは文化、音楽の神としても人気だ。これは一般公開こそされていないが、天孫降臨のとき、コトシロヌシが祝い奉った天石笛《あまのいわぶえ》とされるものが、残されているからだ。

これは文化13（1816）年、平田の神が鹿島、香取、猿田、玉前の明神参拝の折、銚子に近い小浜の八幡で発見したもの。その音は法螺貝《ほらがい》より重く〝ボー〟と鳴る。

私はこの神社の並びのマンションに住んでいたことがあり、この神社の駐車場を借りていた。25年ほど前だが、なんとなく引越ししてきた日から、とても気になる存在の神社だと感じ、毎日ここだけはお参りするようにしていた。その後、まがりなりにも芸能音楽や執筆の世界でなんとか浮上することができ、のちに同じ代々木に家を持つことになって引っ越したが、今でも新年の参拝は家族とともにここを詣でるのだ。

拝殿の中には授与所があり、そこでしっかりとお参りするのがコツ。

ここのご朱印はちょっと変わっている。篤胤直筆の神代文字のコピーや気吹舎《いぶきのや》に伝わる印などを授与してくれるのだ。そこからも大いなる力があふれ出しているから是非とも。

愛宕《あたご》神社（東京都）

東京都港区愛宕1‐5‐3
03‐3431‐0327

出世したい人はここの神社を詣でればいい。というのが東京の真ん中、標高26メートルの愛宕山にある愛宕神社だ。

♪伊勢へ七度　熊野へ三度　芝の愛宕へ月参り……と俗謡で歌われたほどの歴史と人気の神社だ。

ここ愛宕山を歌ったものには、♪愛宕の山に入り残る　月を旅路の友として……の「鉄道唱歌」があり、NHK国内初の電波放送をした場所としてもおなじみだ。

この江戸を一望できた場所に慶長8（1603）年、徳川家康の命によって江戸の防火の神としてカグツチ（火産霊命《ほむすびのみこと》ともいう）、つまりイザナミが産んだときに女陰を火傷させ、死に至らしめた神を祀った。水戸浪士が決行の前にここで決起集会をした所でもあり、現在も子孫が集まってお祀りしている。

ここは何といっても、境内へ上がる86段の階段のパワーがすごい。それを〝出世の石段〟とよぶ。一段一段ふみしめながら歩くと、不思議と明日への希望と活力が湧いてくる。やる気が起きてくるのだ。

本殿に拝むときに心がけたいのは、頭の中をできるだけ空っぽにすること。そして心を無にして〝何ごともよろしくお願いします〟と言うことなのである。すると自然に仕事運がアップし、出世が約束されるというのだ。

この石段を上って本当に出世したといわれるのが松下幸之助《まつしたこうのすけ》であり、楽天の三木谷浩史《みきたにひろし》であり、SMAPの木村拓哉《きむらたくや》、浜崎《はまさき》あゆみなどなどといわれる。あなたも出世できる？

大國魂《おおくにたま》神社（東京都）

東京都府中市宮町3－1
042－362－2130

ここのパワー、雰囲気は実に出雲大社に似たものを持つ。社伝によれば、景行《けいこう》天皇41年というから、西暦111年5月5日、武蔵《むさし》国の護り神としてオオクニタマの神を祀ったのが始まりという。オオクニタマはオオクニヌシと同一とされるから、出雲パワーがこの地にはそこかしこに点在しているわけである。大昔、武蔵の国を開き人々に衣食住の道を教え、医療法や呪《まじな》いの術を授けたのがオオクニタマとされているのだ。

長い参道に入っただけで、何かがゆらめいていることに気づく。2000年近くもこの場で絶えることなく人々を見守ってきた国造りの神が、まるで笑っているように私たちを迎えてくれる。ちょっと見落としがちになっているようだが、本殿に入る手前にある随神門右手の御手水でしっかりと身を清めよう。ここの御手水にも祓のパワーが水からしたたっているのが分かるほどだから。

門をくぐると別世界の氣を放つ。出雲さん独特の景色、いやにおい、いや装い、たたずまい……。なんとも表現できないが、出雲さんに行ったことのある人にはその懐かしさとやさしさをそれこそ魂で感じることができるだろう。

5月5日の例大祭のくらやみ祭りでは70万人の観光客で賑わうが、その幻想的な夜祭もまた出雲神在月の祭りに通じる何かを持つ。福神、縁結び、特に子宝の神としてのご利益も大きい。

夫婦木神社《みょうとぎ》(山梨県)

山梨県甲府市御岳町2041
0552-87-2020

その名のとおり、ここも縁結び、特に子宝にご利益の神社。あの絶景、日本一の渓谷美とうたわれる昇仙峡《しょうせんきょう》から、両岸の頭上にかぶさるような岩山や、川の流れをさえぎる巨岩など至る所で驚嘆の声を発する光景を見ながらゆっくり徒歩で1時間ほど、車で行っても20分ほどで夫婦木、「みょうとぎ」と読むが、それをご神木とする神社が見えてくる。

本殿に参り、世界でも珍しいといわれる奇木、夫婦木に願をかける。男女が参詣して祈れば必ず結ばれ、子供を授けてほしいという夫婦が揃って祈願すれば〝必ず授かる〟という。

現にこの話を聞いて、ここを参った私の友人のカメラマンがいる。結婚してから10年、子供がほしかったにもかかわらず、ずっと授からなかった。この〝必ず授かる〟の噂を聞き、駄目元で夫婦でお参りに行った。するとしばらくして本当に子供が授かったのである。「もう子供も5歳になりましたよ」。

それを伝え聞いたのがやはり子供をほしがっていた雑誌社の友人。その友人も先日お参りに出向いたという。今のところ、おめでたの報告はまだ届いていないけれど、楽しみである。

この木は甲府市北方の山奥、下黒平に生育していた樹齢千年の栃の木。周囲10メートル余、外形の入口は女陰を象徴し、内部は空洞で上部から長さ5メートル、周囲2メートル近い、男根を思わせるものが垂れ下がっている。山奥にあった頃から、祈願すれば必ず成就すると信仰が厚かったが、昭和33（1958）年11月29日に神示を受け、諸人信仰のため奥山よりこの聖地に遷して社殿を建立、夫婦木神社として祭祀したのである。

さらにこの上社から2キロほどの場所には、夫婦木姫ノ宮があり、ここも合わせて拝さなくてはならない。

ご神木は甲斐《かい》の国金峰山南端の人跡希なる乙女高原に生育し、樹齢800年に及ぶヒノキの大木。内部より外部が女陰を示し、この神秘に祈願すれば、今度は何事も成就すると言い伝えられる。さらにここには、上社の夫婦木の分霊も併祀されている。

戸隠《とがくし》神社（長野県）

（中社）長野県長野市戸隠3506
026-254-2001

緑の中の露天風呂や春ゼミの声で気持ちが落ち着く。氣に満ちた日本アルプス、安曇野《あずみの》穂高《ほたか》のビューホテルで講演し、宿泊したときのことである。帰りがけに支配人から「是非お参りに行ってください」とすすめられた神社があった。

天岩戸神話で、弟スサノオの悪行に、とうとう堪忍袋の緒が切れたアマテラスは岩戸に身を隠したが、八百万の神が相談の上、やっと戸を開いた。その瞬間に手力雄命《たぢからおのみこと》（タヂカラオ）が戸を飛ばした。その飛来した岩戸が落ちて山になったと伝承が残る神社だ。そこが戸隠山の戸隠神社なのだが、穂高からほど近い有明山にもその伝承が残るという。その有明山をご神体とする神社が有明山神社。ここの拝殿後ろの有明山パワーも抜群の力を発揮している。

ここには開運招福の石というのがある。東面に「吾唯足知《われただたるをしる》」（分に安んじて貪《むさぼ》らない）、西面に「吉呼員和《きちよんでかずわず》」（喜びを集めて和やかに）と、石の中央に開けられた穴の周りに文字が書かれている。その四角い穴をくぐり抜けると、吉運が集まるといわれる珍しいスポットだ。私も試してみたが、さて幸運は集まってくるか⁉

そして長野市まで車を走らせ、戸隠山をご神体とする戸隠神社へ。ここは元々、修験者たちの霊場として知られた。本宮は奥社とされ、夏場であれば駐車場まで車で上って、そこから30分ほどの徒歩時間を要して拝することができる。

途中、茅葺《かやぶき》朱塗りの随神門をくぐると杉林が急に目の前に現れる。一瞬、目を疑うような立体感あふれる風景と、何かが浄化されてゆくのが分かるエナジーパワーを発揮している。

杉は〝素氣〟という言霊《ことだま》を持つ。素は真っ白という意味を持つが、その真っ白な穢れなき氣をここに充満させているのだ。そのパワーは人を簡単に寄せつけないものがある。

実は人を寄せつけないパワーを発するという神社に、私はこの一年間何度か遭遇した。実際にこの戸隠の奥社でも、ピアニスト周平が神社の駐車場前まで運転してきたのに、急に具合が悪くなり車の中で休んでいた。後述の宇佐神宮の奥宮では、マネージャーが車の中にとどまった。おかしな話なのだが、近くまできたとしても参拝がままならない実態を私は幾度も見ているのだ。

そんなパワーを放っているのも、この奥社なのだ。杉林を通り抜け、山深くへ私は歩を進めた。ここは自分のことよりも国の安泰や他人の無事を願わずにはいられなくなってくる場所だった。

その奥社の左手にある九頭龍社の氣も異常だった。穂高ビューホテルの支配人が、「戸隠さんの九頭龍社には、しっかりとお参りしてください」とアドバイスをくれた社である。そこの前に立って拍手を打ってすぐに、なるほど！　と、支配人が言わんとしていたことが分かった。ここはいろんな働きを現実化させる力がみなぎっているのだ。

それはどういうことか？

たとえば強い意志があったり知恵があったり、また誰にも負けない愛情があったとしても、それを成し遂げる方法を知らなければうまく事は運ばないものである。行動に移し、認めてもらえてはじめて物事は成就する。ここにはそれらを現実化させる導きのパワーがあるのだ。人への思い。これは愛や恋だけではなく、通じるものなのだ。支配人は岩戸開きのエネルギーをしっかり受けていた。それがあのホテルから醸し出される、何ともいえない居心地のよさだったのだろうか？

奥社、九頭龍社から再び30分ほどの道を歩き、駐車場から車を走らせて下山し始めると、ほどなく戸隠神社の中社《ちゅうしゃ》に着く。境内の中と鳥居の前の境内外、全3カ所にご神木とされる戸隠の三本杉が立つ。そのみごとさは、人々の内側に潜むほんものの光を輝かせてくれる力を持つ。さらに火之御子社《ひのみこしゃ》、そして杉の古木の中、270余段の石段を上ると神仏習合時代の面影を残す荘厳な社殿の宝光社《ほうこうしゃ》。この社すべてで〝戸隠5社めぐり〟とされ、参拝することによって自分のあり方、自分が生きるべき道、そして心の本質を開花させることができる。どの社も荘厳でそれぞれ趣がある。

諏訪《すわ》大社（長野県）

（上社本宮）長野県諏訪市中洲宮山1
0266-52-1919

信濃《しなの》国一宮とされる諏訪大社は、我が国最古の神社のひとつであり、全国1万有余の諏訪神社の総本社である。ここは上社本宮、上社前宮、下社春宮、下社秋宮という4社からなり、古くから上社には男神が、下社には女神が住むと考えられてきた。

男神とは出雲オオクニの息子、タケミナカタ。女神はタケミナカタがこの地で出会って結婚した妻、八坂刀売神《やさかとめのかみ》（ヤサカトメ）だといわれる。厳冬時期の諏訪湖では湖面の氷が表面張力で裂ける、〝御神渡《おみわたり》〟現象がある。これは年に一度、男神が女神に会いにいくしるしだとされているのだ。そのルート、氷の裂け方により同じ諏訪市の八剣《やつるぎ》神社の宮司などがその年の吉凶を占うのである。

年に一度会いにくるということから、この夫婦神がその後、七夕伝説の彦星と織姫にも変じてゆくのだが、この大社の最大の特徴は4社ともに、社殿の四方に4本の立派な御《おん》柱《ばしら》が立っていることだ。これは、出雲からここまで後退して最終的に決着がついたタケミナカタを見張る役目とも、聖域と俗世の領域を分ける結界を張ったためだともいわれる。

この御柱を新しくする行事を〝御柱祭〟とよび、6年に一度、寅《とら》年と申《さる》年にだけ行なわれる。急な坂を巨大なモミの木の御柱に乗って駈け下る豪壮で荒々しく雄々しい祭りは、ほかに類を見ない力強さがあり、死者を出すことさえある。その豪快という言葉すら通り越した命がけの神事が行なわれる寅と申の年には、なんとしても見に行きたいものだ。今度は2016年ということになる。

さらに御頭祭《おんとうさい》とよばれる祭りがある。これは本宮例大祭のあとに神輿行列を仕立て、前宮に赴き古式にのっとり行なわれる祭典である。古くからの重要な神事は前宮で行なわれるのだ。特に御頭祭など特殊な神事は、本宮ではなく前宮の十間廊で執行されるが、そんなことからこの前宮こそがタケミナカタの前にこの地を治めていた地元の有力神である気がしてならない。一体、その以前の神様とはどんな神様だったのであろうか。

御柱祭にしても、御頭祭にしてもほかの神社で見かけない独特なものだ。御頭祭は農作物の豊穣を祈る祭りなのだが、神饌として供えられるものを見ると驚く。

まずは鹿の頭なのだ。そして鳥獣や魚類などで、今でも鹿肉とともに剝製《はくせい》鹿の頭を供えている。それは一種不気味でもあり、奇抜である。昔は本物の75頭の鹿の首を切り落として、そのまま献じていたという記録が残っている。その75頭の中には必ず耳が裂けた鹿がいたという。耳裂け鹿は〝御神渡〟などとともに、古くから〝諏訪の七不思議〟とされてきた。この耳裂鹿を奉納するという話によく似たものが、旧約聖書の〝創世記〟にも出てくる。それはイサク伝承といわれるもので、聖書に書かれる生贄《いけにえ》は耳が裂かれた羊なのだが、あらすじもよく似ている。だが日本に羊が定着するのは明治になってからのこと。その代わりに鹿の頭を神前に供えたのではないか？　そうなると羊と鹿が似た動物だということを知っていなくてはならない。全く変わった風習なのである。

諏訪大社のご神体山は守屋山だが、〝創世記〟に出てくるのも〝モリヤ山〟。御柱祭も古代イスラエルにルーツがあるともされ、相撲のルーツもイスラエルの祖、ヤコブが天使と相撲を取ったことに始まり、ヘブライ語では「SheMo（シュモー）」といったという。さらに行司が言う「ハッケヨイ」は「投げ出せ」「こらしめろ」という、やはりヘブライ語なのだ。上社本宮には相撲の土俵があるし、他の神社境内にも奉納のため、土俵が作られている場所を何度か見たことがあるにはある。となれば、諏訪大神たちがここに鎮座する前は、イスラエルの神がいたとでもいうのだろうか？

諏訪大社4社を参る場合、まずは上社へと向かい、その元宮ではなく本宮からお参りするのが正規ルートだ。御手水は珍しい温泉の湯。水で清めるのではなく、お湯で清めるのだ。諏訪明神ゆかりの温泉といわれる、〝ご神水〟ならぬ〝ご神泉〟なのである。今まで温泉の湯が御手水だったのは、同じ信州《しんしゅう》長野の修禅寺《しゅぜんじ》や別所《べっしょ》温泉の北向《きたむき》観音ぐらいだが、さすがここはお湯どころだ。

ここは幣拝殿と片拝殿のみで、本殿を持たないという独特な諏訪造りの様式。境内のほぼ真中には東宝殿、西宝殿という二棟の茅葺《かやぶき》の建物があって、寅年と申年ごとに交互に建て替えられ遷座祭が行なわれる。軒からはどんなに天気がいい日であっても最低三粒は水滴が落ちるといわれる、これも七不思議のひとつだ。

さらに参拝の仕方も独特。鳥居からそのまま御柱の横にある正面の階段を上がれば本宮なのだが、正しい行き方は異なる。御手水の後、一度左に折れてから青銅の鳥居を抜け木造の回廊、すなわち長い廊下を通って、その階段上まで戻ってくるような形をとるのだ。ご神体の守屋山から漂う神氣は、ふとふり向いてしまう何かがある。

御柱のごとく天高く聳えるようなまっすぐな心、新たな人生の柱を立てたいという人には、またとないチャンスをくれる宮である。今まで苦節生活を送っていたり、今ひとつの結果に終わっていたり、または自分はこの程度の力量ではない、他人から認められないといった日陰の存在だった人が、新しい形で頭角を現したいとき、心して拝すれば神様が「分かりました。もうそろそろいいでしょう」と扉の鍵を開けてくれるのだ。その時期がきた人間だけ、大きく後押しされることになる。頭角、これが鹿の頭の角に通じるのではないかとふと感じた。

この本宮からたっぷりとパワーをいただけたところで、歩いて20分ほどの場所に建つ上社前宮へ向う。ここがもしかすると、諏訪大神ご鎮座前の神の社の地かもしれない。というのも、4社の中でここが最もパワーをもらえるという人が多いのだ。確かにシンプルな中に深さをにじませた、どこか異なる氣を感じる。

実のところ、ここは同じ諏訪大神を祀っていながら、明治時代に下社2社に対し上社は本宮のみとされ、境外摂社前宮社とされていた時代があった。さらに現在の社殿は昭和7（1932）年、伊勢神宮の用材をもって建てられたものだったのである。

本殿左手に小川の御手水があるが、ここは名水〝水眼《すいが》の清流〟といわれる。そこから発せられるやさしさ、また本殿を後ろから眺めた場所の木から発するパワーは、人のために努力を惜しまないという感覚を醸し出す一方で、ひとつの物事を地道に信じて決行することによって、人に手を差し伸べる力、世のため人のためというような人になれる力を授けてくれる。

ここを詣でたときにこんな体験をした。前宮から坂道を下りご朱印を書いていただこうと社務所へと歩いているとき、すれ違った女性から急に声をかけられたのだ。「私は4年間、ずっと神社を回っているのですが、パワーを発しながら歩いていらっしゃるあなたのような方にはじめてお会いできました。ありがとうございます」。ちょっと私はポカンとしてしまった。

彼女に別に何をしてあげたわけでもないのだから……。しかし「そうですか？　それは、ありがとうございました」と素直に親切な言葉が、口をついて出た。それはここのパワーゆえか？　世のため人のためだったのだろうか？　はて？

前宮のあとは、下社の春宮と秋宮を参ることになる。ここからは一度、高速道路に乗って向かったほうがいい。本宮、前宮の上社が諏訪湖南岸なら、下社は諏訪湖北岸に位置しているからだ。さらにここの下社は、季節によって神が居場所を変えるからご注意を。

2月1日に秋宮から春宮へ、8月1日に春宮から秋宮へと神が移動する遷座祭が行なわれるのだ。お参りに行く日によって、神が鎮座しているほうから向かうことが肝心。そのあとに、次の季節に移動してくる神社に向かって、拝むようにすることが必要である。

諏訪大社はどこの社も趣があり、それぞれにパワーを与えてくれる神々しさがあるが、その中でも私が一のお気に入りは秋宮である。温泉の御手水のあと、パワーまばゆい池の橋を渡って、立派な鳥居をくぐると階段。上りきるとデーンと構えた大きな注連縄の神楽殿が見えてくる。その姿を見るだけで〝ありがとうございます〟と心で声を発してしまった。やはりどこか出雲大社に通じる、オオクニ息子夫婦らしいたたずまいだ。

そして推定樹齢800年といわれる立派な木が目に飛び込んでくる。これもなかなかすごい！　これは〝寝入りの杉〟とよばれる木だ。その理由は伝説によると丑三《うしみ》つ刻《どき》の夜中になると、いびきをかくからだとか？

上社の神体山に対し下社はご神木をご神体としている。秋宮のご神木はイチイの木。拝殿奥の神明造りの建物は宝殿で、新しいほうを神殿、古いほうを権殿とよび、二殿が並ぶ独特な造りだ。秋宮は今まで歩いてきた道をますます発展させてゆきたい、ますます力を入れたいといった気持ちを込めて、感謝の言葉のあとに「ますますのお導きを」というような言葉がいちばん聞き入れられる。そのためにはいつも努力をしていること、ある程度の力と自信を持っていることが大切。〝どうしようかな？〟〝どっちがいいのかな？〟といった迷い事にはパワーを発してもらえない場合が多い。結果をもっと天高く評価してもらいたいといった希望的観測よりも自信に満ちた心構えで拝する必要がある宮だ。

秋宮から西に約1キロの場所にあるのが春宮。ここの社殿にもそれぞれの力を感じるが、特に鳥居に入る前、路面電車の駅舎のように道の真ん中に建つ建物がある。御手洗川に架かる下馬橋である。武士たちが競った流鏑馬《やぶさめ》のそれこそ下馬する場所だったが、今は遷座祭にお神輿がこの橋を渡る。そこから一直線に延びる宮。まさに神が通る氣にあふれる〝正中〟だ。もちろんそこを歩いてはならない。

神楽殿と拝殿、左右片拝殿及御宝殿と続く建物の配置は秋宮と同じで独特だ。春宮のご神木は杉の木だが、ここには二股に分かれているのに、根元でひとつになっている巨大な縁結びの杉の木がある。この木の近くにたたずんでいると、可愛らしい女性になれるといわれる。また、ここの社を拝んだとたん電撃的に結婚を決めたり、たちまち出世コースを歩んだりといったことがたびたびあるという。

パワースポットは意外や意外、ここだけではない。境外にある万治の石仏へと歩を進めたい。神楽殿の西の建物の筒粥殿《つつがゆでん》を通り過ぎ、朱色の橋を渡る。下を流れる清流、砥川《とがわ》。ここの水から氣が発せられているのだ。引き込まれそうになるそのパワーの輝きは、古いものを新しくさせてゆく、たとえば縁を切りたいのだが、どうしてもついて回るような人と縁遠くしてくれる。

ただし、その後も状況が変わらない場合、大抵は最終的に、自分のためになる人である。見方を変えてみよう。川の中にある浮島は、どんな大水でも流れることはないという下社の七不思議のひとつ。お社の浮島社では清め祓いの神を祀っている。ここで祓詞の祝詞を上げると、より心がスーッと落ち着いてくる。水の氣が体中をかけめぐってゆくのだ。なお4社ともにご朱印を書いていただくと、最後の春宮なり秋宮で4社めぐりのお札として神饌のお菓子などを頂戴できる。

彌《いや》彦《ひこ》神社（新潟県）

新潟県西蒲原郡弥彦村大字弥彦2887-2
0256-94-2001

諏訪の神、タケミナカタは『古事記』によれば、出雲の地から越後に逃げ込み、そこから追われて諏訪の地まで行ったという。越後といえば越後《えちご》一宮、彌彦神社をすぐに思い浮かべる。一般的に今では、〝やひこ〟とよばれるようになったものの、実際には〝いやひこ〟または〝おやひこ〟と読むのが正しい。

ここの祭神は天香山命《あめのかごやまのみこと》（アメノカゴヤマ）。神武天皇から越後開拓のために遣わされた神である。しかし実際は、背後に聳える彌彦山そのものこそがご神体で、祭神は大屋彦とするともいわれる。まさに〝おやひこ〟である。これはスサノオの子供とも、オオクニが逃げ込んだ木の神ともされる。どちらにしても出雲神たちと無関係ではないのだ。

ここ彌彦神社は出雲大社と同じく珍しい二礼四拍手の神社なのである。ここは知恵を絞って人々をまとめ上げる氣にあふれている。そのために必要な分析力と、それを成し遂げるための情報力が浮かんでくる。さらにそれを実際にサポート、手助けしてくれる人物が現れるという力も備わる。

さて、四拍手の理由はさまざまあるが、私は日本の四季を思い浮かべる。春のめざめ、夏の日の光による活発性、秋は冬の準備、つまり次にやってくる冬の分析力――静けさをすべてうまくコントロールさせる威力を与えてくれると考えている。

本殿を拝したあとは、境内の左手から定期的に出ている無料バスに乗って、山頂まで行くロープウェイの駅に向かおう。そこからご神体の山の頂を目指すのだ。眼前には海岸沿いに山が迫り、越後平野と青く光る海が広がる。この景色がどことなく出雲に似た印象を受けるのは、私一人なのだろうか。

出雲的なパワーを持つ神廟《しんびょう》に向かい、ここで大きな息を吸い込みながら拝することで本当の歩むべき道を教えてもらおう。

白山比咩《しらやまひめ》神社（石川県）

石川県白山市三宮町2・105・1
076・272・0680

神社を巡るようになるきっかけを授けてくれたのは、おそらくここではないかという場所である。この神社に出会ったのは、もうかれこれ何年前だろうか？

普通、住んでいる近くの氏神の神社だったりした場合は別として、地方にある神社は一度訪ねてしまうと、そう何回も何回もくり返し詣でることはない。だが、私はある時期まで石川県白山市《はくさん》にある加賀《かが》国一宮、白山比咩神社ばかり立て続けに参っていたのだ。それは講演やコンサートが、数年間どういうわけかいつもここの近くで行なわれ、そのたびに詣でる機会に恵まれていたからだ。

年に1回、いや多いときには2回3回とここの近くで仕事があった。それは実に珍しいことである。つまり私は、わざわざ神社に詣でるために東京からここを訪ねるのではなく、まるで連れて来られているかのように、5年も6年も続けてこの神社を参拝していたのだ。いや、させられた、導かれたということなのだろうか？

いつの間にか、仕事の前日に詣で、翌日仕事が終わってからも、また詣でるというような状態までになっていた。はっきりいって、なぜにこうも何度も詣でるのか、自分でも皆目見当がつかなかった。5年、6年経った時期から急に全国の神社を回るようになったのだ。いや、回れるようになったのだ。

その間にも、もちろん有名ないくつかの神社には詣でたことはあるにはあったが、今思えばそれは観光ついでの延長でしかなかったように思える。白山比咩さんもはじめのうちはそうだった。

白山姫こと菊理媛《くくりひめ》（ククリ姫）を祀る白山神社は、全国に3000余社もある。おそらくその分祀である白山神社は、あなたの町の近くにもあるだろう。その白山神社の総本山がここなのだ。何度訪れても気持ちがすっきりとする全くすがすがしいこの場所は、導きというパワーを最大限に降り注いでくれていたのである。全国を忙しく動き回らせるパワーを持つ神、これこそが縁結びの神である。再三言うが、縁結びといっても一般にありがちな結婚相手や恋人との縁結びだけではなく、自己の成長につながる縁を運んでもらえることこそが縁結びだといえよう。

人生にとってのすばらしい出会いの縁を授けてくれる、魂の神様を結ぶ、いわゆる本当の意味の〝結び〟を与えてくれるご利益が期待できるのがここなのである。ご祭神、ククリ姫の〝くくり〟とは、縁をくくる、つまり縁を結ぶという意味だったのである。

同時にこの神は、『古事記』でイザナギが例の黄泉《よみ》の国で、イザナミに言われた〝見るな〟の禁を犯したとき、この絶大なパワーの祖神二神の喧嘩を仲裁したなかなかの力を持った神であることが分かる。ということから、他人にいくら罵声《ばせい》を浴びせられようとも、認められなくても、信じた道を突っ走れば、いずれは自分のペースへと人々をいざなってゆける力を与えてくれる。さらに心根をやさしく持てるようにしてくれるのだ。

また人生や生活をしっかりとフォローしてくれたり、意見が通じ合う、認め合える心の仲間や友人が自然と集まり出し、苦しみや悩みを一緒に解消してくれるのだ。そして違った考えを持つ人間たちは、これまた自然と離れていく。実はこれこそが、本質の縁結びなのである。人生の方向を決める大一番のとき、自己の魂の見えない部分を掘り起こす、照らし出してくれるパワーを持つ神だったのである。

私はそうやって考えてみると、自分の生きる道をかざす、本質の道を歩むためにここを何度も訪れていたのだろうと思えるのだ。

さて、この神社は表参道駐車場に車を止めてから、一の鳥居をくぐるのが理想なのだが、金沢方面から車を走らせると鳥居を車ごとくぐって、北参道の駐車場に置くことになる。ここに車を止めて鳥居をくぐり御手水で清めたあとが肝心なのだ。本殿へすぐに入らず二の鳥居、三の鳥居のあとは、やや右に折れその正面に建つ荒御前《あらみさき》神社に先に詣でるのがいい。そこで感謝の思いを述べてから神門をくぐり、真正面から白山比咩の本宮へと足をすすめるのである。

大切な出会いをそこで一心に願ったあと、さらに重要なことがある。ここは奥宮参拝がキーポイントになるのだ。ご神体である白山の奥宮に行くには、徒歩で5時間ほど登山しなくてはいけない。まして冬場は登ることは禁じられている。私もまだここの奥宮を拝したことはない。しかし、本宮境内から白山を望んで奥宮を遥拝する場所があるので、そこでいつも私は祝詞を上げるようにしている。それだけで凛とした白山の氣を体中にいただくことができるからだ。ククリ姫だけではなく、もちろんイザナギとイザナミの二柱もこの神社の祭神とされている。物事の考え方、人生の方向性を教示してくれたこの神社は、私にとって実に大切な神社なのである。

熱田《あつた》神宮（愛知県）

愛知県名古屋市熱田区神宮1-1-1
052-671-4152

三種の神器のひとつ、草薙剣《くさなぎのつるぎ》がここのご神体である。草薙の剣の熱い力は迷いを切り捨てるといわれている。人生の正念場、今こそチャンス！　今こそ勝負！　というときに参るといい。ここのパワースポットのひとつが、弘法大師空海が御手植えしたとされる大きなクスノキ。そこに手をかざすことで、より大きいパワーをもらうことができる。ここで撮った写真を持っていると縁起がよい。クスノキの字は〝楠〟。南の木ともされ、それを〝薙〟という。草薙の剣の〝薙〟であり、これは木や枝に宿った神魂、依代《よりしろ》のこともさすのだ。

そんなパワスポの2つめが、熱田神宮摂社である上知我麻《かみちかま》神社拝殿の右隣に南向きに鎮座する別宮八剣宮。ここは本宮に次ぐ社格で、やはり高い氣を発している。しっかりと拝むことでやはり草薙の剣の熱いパワーが伝授される。

さらにこの上知我麻神社は、古くから〝知恵の文殊様〟と言われ、学業や進学のほか、命名祈願の社としても盛んだが、同時に〝頭の神様〟ということから頭痛、脳梗塞などの脳の病や精神的疾患に対する強いパワーを感じられる。ちょっと疲れすぎ、いろんなことを考え込んでしまう人たちには、ここの神社をすすめる。きっと「ああ、そこまで考えなくてもよいのか」という〝浮かび〟とともに、気楽に物事を運んでいける器用さが身につく。考え事も熱い剣の力で切り捨ててしまおう。

天橋立《あまのはしだて》神社、元伊勢籠《もといせこの》神社、眞名井《まない》神社（京都府）

京都府宮津市字大垣430
0772-27-0006

絶景として忘れられないのが、龍が現れて海を二分しているかのような天橋立。約8000本の松並木が続く3・6キロの細長い砂洲《さす》と宮津湾の美しい海が作った日本三景のひとつである。ここはまるで龍神の通り道のようだし、天と地を結ぶ橋だとも考えられてきた。

智恩寺《ちおんじ》文珠堂から廻旋橋を渡り、もうひとつ橋を過ぎて少しばかり行くと、天橋立の一番広い場所に出る。海のかたわらにある鳥居で一揖《いちゆう》。昔はここまで船が着いたのだろう。磯清水の井戸で清めるが、ここは四方を海に囲まれているのに、水には全く塩気がない。そこからもって不思議を感じさせるが、ここで自らを清めることによって、今、自分たちが生きている世界、いわゆる俗世でまみれてしまう嘘や虚栄、競争心や欲望など、捨てたくても捨てられないものを捨てきるのだ。

自分でやりたくてもうまくいかない、こうしたいのに事が運ばないという人がほとんどだろう。しかしその根源、成功しない理由には虚栄や欲望が渦巻いているからなのである。それをなくさない限り、うまくいかないものだ。

覚悟を決めてここを参ると、必ずその力を与えてくれる。純粋さ、スタートしたときの希望や考えが足りず、惰性になって生きている自分の哀れな姿を見つめ直すことができるのがここだ。

ここで、自分の足りないところに気づかされた場合のみ、そのまま歩を進めるといい。ただ拝むだけ、自分を再発見できない場合は、三社めぐりをしても無駄なのだ。出直して来い！　というわけだ。

だからそれに気づくまで時間がかかる。この神社に何十分も何時間もとどまっている人の姿があるのはそのせいだ。自分に嘘を言っているのか、正しいことを言っているか見極めてくれる働きがある。そのお告げを感じられないときは、何度も足を運ぶことにしたい。

なぜかというと、次に参る元伊勢籠神社の参道として発祥したのが、天橋立神社だといわれるからだ。神と人を結ぶ架け橋なのだ。だから神域に入る覚悟ができるまでそこで待つしかないのだ。

その聖なる天橋立の北方に鎮座するのが、元伊勢籠神社である。アマテラスが、奈良県桜井市の笠縫邑《かさぬいのむら》を出てヤマト姫によって伊勢神宮にお鎮まりになるまで巡幸された最初の地だ。元々、丹後《たんご》国の総氏神である籠神社の祭神だったトヨウケとともにアマテラスはここに4年間祀られていたという。

そして奥宮に当たる眞名井神社へ。まずお清めとして天の眞名井の水という霊水に近づく。社伝ではこの霊水は、三代目祖神の天村雲命《あめのむらくものみこと》が高天原に上って琥珀《こはく》の鉢に天上の水を持ち帰ったものと伝えられる。眞名井の水を汲みに、全国各地から人々が訪れる。

本殿の裏には縄文時代（2500年前）からそのままの形を残す磐座がある。この斎場でアマテラス、トヨウケをはじめとする神々が祀られてきたのだ。奥宮や磐座には大きな神氣があることが多いが、この聖地のパワーは圧倒的。この三社をめぐることで大願は自然と成就される。いや、自分で思っていない結果であっても、「ああ、これがお導きなのか」と納得させられる。

出雲大神宮《いずもだいじんぐう》(京都府)

京都府亀岡市千歳町出雲無番地
0771-24-7799

同じように眞名井の水に磐座があり、さらに〝元伊勢〟ならぬ〝元出雲〟とされるのがここの社。一般的には出雲大社(杵築大社)から勧請したとされるが、社伝によると逆に出雲大社のほうがここから勧請を受けたとしている。『丹波国風土記』に「奈良朝のはじめ元明天皇和銅年中、大国主命御一柱のみを島根の杵築の地に遷す。すなわち今の出雲大社これなり」の記述があるとされるからである。

祭神はもちろんオオクニ、その后《きさき》のミホツ姫だ。と、なると当然、縁結びの大神とされ、その効果はテキメン。こちらの眞名井の水は世界でも有数とされ、ミネラルがバランスよく含まれる。そのために昔から〝医者いらずの水〟〝医者が見離した患者を治す力を持った水〟と言われていた。科学的にも出雲大神宮のような水は存在しないとされ、水質研究がすすめられている。

この社でもっとも強い氣が集まるのが、本殿裏にある磐座と神木である。かつてオオクニがいたとされ国常立尊《くにのとこたちのみこと》が鎮座するご神体の御蔭山《みかげやま》には、磐座が所々に点在するが、新しい出発や仲間や相手と切磋琢磨《せっさたくま》して自分を磨いている人は、ここのパワーに触れてもらいたいものだ。

まるでオオクニがそこらを歩いているような、生きているような神氣を感じることができるこの場所は、その強い意志の力がものへの成功を導いてくれるおすすめの神社なのである。

住吉《すみよし》大社（大阪府）

大阪府大阪市住吉区住吉2-9-89
06-6672-0753

大阪住吉大社は、地元の人から〝すみよっさん〟とよばれる人気ある神社。全国に2300余社を数える住吉神社の総本社で摂津国の一宮。関西一の初詣のメッカとしても知られる。

ここはアマテラスの誕生より前に生まれた底筒男命《そこつつのおのみこと》（ソコツツノオ）、中筒男命《なかつつのおのみこと》（ナカツツノオ）、表筒男命《うわつつのおのみこと》（ウワツツノオ）のツツノオ三兄弟が祀られ、それが後々住吉三神とよばれるようになった海の神様である。ここ〝すみよっさん〟のご利益が多岐に亘《わた》るのは、その水のおかげだといわれている。ここが海の守護神だというだけではなく、生命のあらゆるものに影響する〝水〟を司っているからだ。4つの本宮すべてが大阪湾に向いていることで、海、水のエネルギーをしっかり受けていることが分かる。

ここの神社のあまり知られていないパワー伝授の秘密のひとつが、ご朱印帖に書いていただける神社の数である。なんと一度に住吉大社、大海《たいかい》神社をはじめ9つも墨字で書いてくれるのだ。一社300円を奉納すれば、一挙に9つの神社のご朱印をいただけるというわけだ。全社書いてもらわなくても、〝ここの神社とこの神社とこれと〟と、選ぶこともできる。ご朱印集めをしている人たちにとっても、ちょっとうれしい神社なのである。

そんな中に種貸社《たねかしのやしろ》というのがある。種を貸す？　一体、どういう神社なのだろう。

ここは五穀の種が授かる信仰が元になり、商売の資本を得たり、種貸人形を受けると子宝に恵まれる信仰がある。種を貸す。種？　なるほど。

著書『童謡の謎2』の中で唱歌「一寸法師」を取り上げた話はしたが、おじいさんとおばあさんはずっと子供に恵まれなかった。それが『御伽草子』によれば、住吉大社に詣でて子を授かったというのだ。これぞ、種貸社のパワーではないのか。書いていただいたご朱印をよく見ると種貸社の墨字の右上、奉納の字の上に絵が描かれたはんこが押されている。それが男の子、裸ん坊の赤ちゃんのようだ。まさしくこれは「一寸法師」ではないか。

権禰宜《ごんねぎ》によれば「そうですよ。住吉明神より賜《たまわ》った男児こそが一寸法師ですから……。体が小さいのは神の申し子だからです」と話す。

なるほど！　面白い話である。

そんな住吉大社のもうひとつのパワースポットが五所御前《ごしょごぜん》という玉垣内にある玉石である。敷き詰められている玉石には「五」「大」「力」と書かれた石が混じっているのだ。この3つの石を集め、神符授与所で五大力特製のお守り袋を300円で購入して、その中に玉石を入れると心願成就のお守りになるとされる。

五大力とは体力、知力、福力、財力、寿力、つまり健康であり知恵が働き福の力、財力に秀で寿命をのばすという力で、水のパワーと準じて柔軟な対応力がつき、人間関係がスムーズになる。周囲とのコミュニケーションを上手にとることができるようになるのだ。

願いが叶った場合は、自分で別の小石に「五」「大」「力」と書き記し、拾ったときの倍の個数をもとの柵の中に返すというルールがある。そのときもしっかりと本宮や摂社末社を回ったあとで、その場所へ心静かに向かうことが必要だ。

大神《おおみわ》神社（奈良県）

奈良県桜井市三輪1422
0744-42-6633

奈良県桜井市にある三輪山の神である。拝殿はあるが本殿を持たず、三輪山をご神体とする。拝殿奥はすぐ山であり珍しい形の三輪鳥居が立ち、山と境内をはっきり隔てている。偉大な自然の力を神として崇拝したのだ。

奈良県桜井市は橿原《かしはら》神宮はじめいわゆる朝廷側、天皇家が治めた国である。しかし、この祭神大物主大神《おおものぬしのおおかみ》は、オオクニヌシと同一神と見る向きが一般的なのである。実はオオモノヌシは、オオクニの和魂《にぎみたま》、やさしい魂の部分だけをさすという。

伊勢神宮の項から、そういえば和魂《にぎみたま》とか荒魂《あらみたま》などが出てきているが、この意味を分かりやすく説明しておくと、魂というものは4つに分けられているとされる。

和魂《にぎみたま》は物事を包んで和合させる力でやさしく何事にもこだわらず、それらすべてをまとめ上げてゆこうとする力である。

幸魂《さきみたま》とはズバリ！　それを拡大してゆく力。和を幸せに導くということである。

奇魂《くしみたま》は無から有を生む力。それは努力の証とされたり、奇跡をさし、荒魂《あらみたま》は現実界に和魂《にぎみたま》、幸魂《さきみたま》、奇魂《くしみたま》を行使させる力をいう。つまりすべての実現のために、多少困難な考えや荒い心をも持って発露させてゆこうとする現実へのパワーなのである。

その中の和魂《にぎみたま》だけということは、和のエネルギー、まとめてゆこうとする懸命な力だけを発しているオオクニの心が神になっているという意味を持つ。そこが大神神社なのだ。この美しい山に、オオクニの日本国の成立を心底願っている大らかな心だけが神体化したということだ。それだけにこの神社の氣の強さは半端ではない。参るだけでまとめあげる和の力、結果を出すという力が備わる。これは粘り強さということでもある。

人間関係は、和の心が少しでも欠けた場合、スムーズにいかない。そんな案件をまとめ上げてくれるパワーがここにはある。以前は禁足地だったが、現在は初穂料を奉納することで、拝殿から北に150メートルほどの大神神社の摂社、狭井《さい》神社の脇から頂上へと登ることができる。ゆっくり登っても2時間とかからないが、豊かな自然のパワーと禁足地ならではの氣の力が降り注いでくることを感じることができる。

大神神社のほど近くに住む雑誌編集者である友人は、「ここは訪れるたび、言葉は悪いけれどいつも具合が悪くなるんです。でもうちの嫁はんは、ここ行くと頭痛が治ったりするんですわ」。具合が悪くなるというのはまぎれもなくパワーが強い、つまり氣に当たるという部分である。枯れている氣、〝氣枯れ〟（穢れ）をしっかりと浄化してくれるパワーを持つ神域ゆえである。頂上にある磐座で光を浴びながら〝和〟の魂を十分に受け取り、穢れを十分に力へ変えてもらいたい。

山から下りたあとには、拝殿横にある〝薬井戸〟のご神水に足を運ぼう。

大神神社の北約１・５キロ、山辺の道の傍らにある大神神社の摂社、檜原《ひばら》神社もパワーは並外れているから、ここも絶対押さえておきたい。天孫降臨のときにアマテラスから与えられた三種の神器の中の鏡は、ずっと皇居に祀られていたが、崇神天皇のとき神託、つまり神のお告げによってヤマト姫が命を受けて、それをいずこかに遷すことになる。結局はその最終地点が伊勢神宮になるのだが、皇居から最初に遷し、祀ったのが三笠縫宮、檜原神社なのである。元伊勢とよばれる地はまだあるが、その中でも強大なパワーを発しているのがここなのである。

石上神宮《いそのかみ》(奈良県)

奈良県天理市布留町384
0743・62・0900

石上、〝いしがみ〟ではなく、これで〝いそのかみ〟と読む。これも4世紀創建という から日本最古級の神社のひとつである。仏教伝来前にこの辺りを支配していた物部《もののべ》氏の氏神である。物部氏は神道の祭祀を司る役割を担い、呪術にも優れていた。だがその後、仏教を重んじる蘇我氏と対立、物部氏は滅ぼされる。そのとき功績があったのが蘇我一族の厩戸皇子《うまやどのおうじ》、のちの聖徳太子なのである。

そんな石上神宮は、さすがに古社特有の落ち着き払った氣を放っている。境内に入ると『万葉集』にも詠われた〝布留《ふる》の神杉〟が鬱蒼と生い茂る。心地よく癒されるなどという言葉では片付かない、本格的な圧倒感だ。拝殿奥は禁足地。現在も〝布留社〟と刻まれた剣先状石瑞垣で囲まれ、太古のままのたたずまいを残している。

それが明治時代に、当時の宮司が〝布留社〟の中を発掘すると、勾玉や剣、鉾など4世紀の遺物がそのまま出土したのだ。その中のひとつが、今では国宝に指定されている〝七《しち》支刀《しとう》〟なのである。

先般、東京国立博物館で開催された「国宝　大神社展」で展示されたが、ひと目見ようと人々が殺到、予定の展示日数を延期したほどの話題になった。

石上の神宝として伝世したこの鉄剣の左右には、6つの枝刃をもつ特異な姿で、剣身の両面に61文字の銘文が金象嵌《ぞうがん》で刻まれている。この刀は『日本書紀』にも記されている。中国東晋の太和4（369）年に制作され、百済王から倭王に贈られたものと考えられている。そこには、敵を打ち破る霊力が備わっているとされる。

宮司の発見で1000年の眠りから覚めたのだが、この神宮のご神体の剣が、スサノオが神話のヤマタノオロチを退治したときに使った剣とされるのだ。つまりこの時期の日本王はスサノオだったことを証明する品ともいえそうだ。それがこれははじめのうち、岡山県赤磐《あかいわ》市にある備前国一宮の石上布都魂《いそのかみふつみたま》神社にあったとされる。

この神社の由緒書によれば、「現在の祭神は素盞嗚尊《すさのおのみこと》とされているが、明治時代までは素盞嗚尊が八岐大蛇を斬ったときの剣である布都御魂《ふつみたま》と伝えられ、明治3年の『神社明細帳』では神話の記述に従って十握剣《とつかのつるぎ》と書かれていた。この剣を祀ったのが当社の創始と伝えられる。この剣は崇神天皇の時代に大和国の石上神宮へ移されたとされている」。

十握剣とは十拳剣。ともに〝とつかのつるぎ〟と読む。と、なればスサノオ王が持っていた剣、つまり十拳剣とされている剣は布都御魂だということになるではないか。なれば七支刀こそが十拳剣なのか、はたまたオロチの腹から出てきた刀が七支刀なのか。いやいや、オロチの腹から出てきたというのは草薙剣。この剣はスサノオからアマテラスへ献上され、名古屋の熱田神宮に祀られている。ところがである。同じくここ石上神宮の境内にある摂社、出雲建雄《たけお》神社にもそのみたまが祀られているのである。

この出雲建雄神社は、石上神社の重要文化財、風格ある楼門前の丘から見守るように、いや見張るかのように鎮座している。まるでここから下を見下ろすようにである。

出雲建雄とは草薙剣の荒霊のことをいう。江戸時代にはフツシノミタマの御子とされ、ここを若宮ともよんでいた。しかしながら、出雲建雄……である。出雲の国を建てた雄《おとこ》、これはまぎれもなくスサノオなのではないのか。スサノオがここから、にらみをきかせているようにしか思えないのである。実にこの出雲建雄神社から発せられる氣は荒っぽい、雄々しいのだ。石上全体にも及ぼすようなこの氣は、スサノオが発しているのではなかろうか？

内に秘めた闘争心、顔の裏に潜ませている負けん気やそこで発生する苦渋が見え隠れする人たちに、やさしさの本質、これから生きてゆくための術を教えてくれ、パワーをみなぎらせてくれるのがここ。どうも考えたとおりにいかない、と思っている人は、自分の奥底に隠れている邪心が災いしているのだ。それを断ち切ってくれる、またそこに手を差し伸べてくれる真の理解者、協力者が現れる。その理解者の力を信じることで助けられるのだ。

天河《てんかわ》神社《天河大辨財天社《だいべんざいてんしゃ》》(奈良県)

奈良県吉野郡天川村坪内107
0747-63-0558

京都や奈良には何しろパワースポットとよばれる神社が多い。今回あえてここでは紹介しないが、北野天満宮や貴船《きぶね》神社、伏見稲荷、上賀茂や下鴨神社、奈良にも橿原神宮や春日大社、奈良の大仏がある東大寺を見下ろす山上にある手向山《たむけやま》八幡宮などは訪れる人も多い。そんな中で隠れたパワースポットの代表的存在、ただしパワスポ好きが集まると必ず話題に上る場所を紹介する。天川にある天河大辧財天社である。そう、ここの集落は〝天川〟なのだが、この由緒あるパワスポ神社は〝天河〟なのだ。精神世界の旅人のメッカとも、スピリチュアル・カウンセラーたちの集合場所ともいわれる地だ。

この神社は平和の神を祀り、そして芸能の神の霊験あらたかな場所としても古くから知られる。宝物殿には能面や能装束、謡本が多数ある。能の集大成者である世阿弥《ぜあみ》が愛用したという阿古父尉《あこぶじょう》の面も残る。それが能から芸能へと移った。この神社は祝詞とともに般若心経《はんにゃしんぎょう》を神殿に向かって上げるという珍しい神社でもある。

橿原神宮から吉野を通って天川へは車で約1時間半ほどかかる。山に登って行けばいくほど、神氣が高まってゆく。ここからは真言宗の高野山《こうやさん》へも、さらに熊野にもつながってゆく。高野、吉野、熊野のヤマト三大霊場を結ぶ三角形の中心部こそが、ここなのだ。

その歴史は神秘に満ちているし、訪れたときの偶然や引き寄せの力にも驚かずにはいられない。この天河のパワーを話してくれたのは東京の友人だったが、同じ職種ではないので、あまり一緒することはない。彼にここの話を聞いた直後に橿原に仕事があったため、足を運んだことがある。それ以来、2度目に訪れたのはつい先日。

夜になってから天川に入り、近くの民宿に泊まった。翌朝7時から社殿に向かって、朝《あさ》行《ぎょう》が行なわれる。そこに参加するのは誰でも自由である。若い人を中心にその数は30名以上だった。みなで般若心経を唱え、社殿を通りすぎようとしたときだった。「わ〜」。ここの存在を教えてくれた、あの友人と久々にバッタリ会ったのである。東京で会うこともないのに、偶然が引き寄せたとしか思えなかった。宮司に「天河はそういう所なのですよ」と教えられた。ここの氣はぐるぐるとまるで蝶のように飛び回っているようだ。時間が渦巻いているような、人生の経過点で何かが変わるときに力を与えられるような氣だ。

音楽や芸術を志す人間にとっても、力に導かれることに気づくし、水のパワーゆえか、何十年も前の日本を垣間見るような自然の恵みに感謝している自分を見つめるような気分になる。そして忘れかけた幼少期の思い出や考え方を思い起こさせたり、一度この光景に遭遇したことがあるといったデジャブ的感覚をもたらしてくれる。その眠っている忘れかけた素直さや、鈍くなってきた第六感ともいうべき潜在能力を取り戻してくれるのだ。

今こうして歩んでいる日々、最初のときの気持ちはどのようなものだったか、このスタートは何によるものだったか……といった忘れかけた記憶を甦《よみがえ》らせてくれるのだ。ここで彼に久しぶりに会ったことも、スタートが何だったかを思い起こさせる材料だったのかもしれない。その記憶をたどらせることで、初志貫徹、現在の自分のあるべき姿をしっかりと教えてくれるのだ。できれば社務所にお願いをして能舞台に上がらせていただき、正座するなり、社殿の前にしっかりと立って、目を閉じながら無の状態になろう。そこで自分の中の奥深い場所との通信が自然とできてくるのだ。

ここは古く飛鳥時代の修験者の開祖、役の行者、役小角《えんのおづぬ》が修行中に天川村の辨財天のおかげで行を達成し、大峰山系の山上ヶ岳に蔵王堂を造ってから、修験道の聖地となったとされる。熊野から吉野まで75の霊場が定められているのだ。山上ヶ岳は今なお女人禁制。女人結界線がある。そこをくぐって険しい道を約3時間、蔵王堂の門が見えてくる。

大峰山系の主峰、1895メートルの54番目の霊場、弥山《みせん》山頂には天河神社の奥の院があり、ちょうど弥山の麓にこの天河神社があるのだ。弥山の上を飛ぶUFOを見かけるという話は、相当前から知る人ぞ知る話だ。

弘法大師空海は高野山の開山に先立ち、ここで修行を積んだ。一説にはここで開山しようとしたがすでに辨天様、蔵王堂があったために、山を越えた高野山に真言の道を説いたともされる。そういえば2014年は、四国八十八所巡りから1200年の節目の年である。来年は四国の巡礼の旅を続けることになるのではないのか？　とふと感じた。神仏習合の氣を放つ天河ゆえの思いだろうか？

天河参拝は3回行ってそのパワーをほんとうに体感するというが、途中で天候や時間の問題で、〝行けなくなる〟ことが多い神社でもある。制作会社のこれまた女の子の話。お伊勢さんに詣でたあと、彼女も天河さんに向かおうとしたが、どうも時間が合わずに断念したという。

厳島《いつくしま》神社(広島県)

広島県廿日市市宮島町1-1
0829-44-2020

世界文化遺産のひとつである美しい朱色の大鳥居が海に浮かぶ宮島に建つ安芸《あきの》国一宮、厳島神社は、世界に誇る歴史と文化の遺産といえる。

私は17歳のとき、渡辺プロダクションから歌手デビューした。そのとき初のキャンペーンで広島に来て、この神社にスタッフと詣でたことがあった。おそらくヒット祈願をしたのだと思う。本殿の中まで全員で上がり神職にお祓いを受け、祈禱していただいたことをしっかりと思い出すことができる。

デビューした翌日が人気番組だった「8時だョ！全員集合」（TBS系）出演で、その翌日に飛行機で広島に行ったことを憶えている。考えてみれば、新人としてはよくテレビにもラジオにも出演したし、新人賞もいくつか受賞したが、今の今まで厳島さんの〝ご利益はほんとうにあったのかな？〟と思ってきた。

ところがここ一年、全国の神社を巡るようになって気づいたことがあった。

そうだ！　歌手デビューから35年も経とうというのに、私はまだこの世界で生きているではないか。記念のアルバムが出ていることもすごいことだし、田辺靖雄《たなべやすお》さんやペギー葉山《はやま》さんらと失礼ながら同列で日本歌手協会の理事の末席を汚していることだって不思議なのだ。中途半端ともいえる歌手業にとどまらず、作詞作曲、構成演出、司会、パーソナリティー、芸能プロダクションの経営から執筆の仕事まで、何でもやりながら生きてきた。

器用貧乏といわれようが、二兎を追う者は一兎をも得ずといわれようが、何だか、いや考えた以上にしっかりと前進しているのではないか？　これは最初に参拝した厳島さんのご利益に違いないのではないのだろうか？　と。

そういえば、『童謡の謎』の講演をスタートさせたとき、真っ先に学校関係や図書館の仕事をいただいたのも広島だった。そのときにも私はここの神社を詣でている。今、やっと気づいたのだが、この神社には未来を見据える力、次の時代を担う生きる力を与えてくれるご神徳が確か備わっていたのではなかったか？　いや、そのとおりなのだ。合致！

推古天皇の時代、５９３年に創建され、今の社殿は平安末期に平清盛の支援を受けて建造、神社は栄えた。その後、平家滅亡後も敵の源氏をはじめ、時の権力者たちが崇敬した。

いつも時代に追いついていたい思いと同時に、何かいつも転がってくるチャンスを手にする力、判断力を与えてくれる場所だといわれてきた神社だったのだ。

すると、私もここのパワーを十分にいただいて35年生きてきたのかもしれない。三神の一柱、タゴリ姫には切って増やしてゆくという意味がある。これは厳島の特徴的な柱にも見ることができる。三本の柱が鳥居を支えているではないか。

厳島神社にはひとつのものを芯にしていくつもの力を発揮させるパワーがある。本質を保ちながら、人生を歩んでいけるという力も備わる。私がこうしていろんなことをしながらも、まがいもなくこの世界で生きてきたのはその証だと思えてならないのである。悔いのない人生を歩むことができるパワーなのだ。あなたにも受けてきてほしい。

金刀比羅宮《ことひら》(香川県)

香川県仲多度郡琴平町892-1
0877-75-2121

これまで四国の仕事というのは案外、少なかったのだが、ここ数年、急に何度もよんでいただくようになった。香川には今年もクリスマス時期にコンサートに出向くことになっているが、実は合田家の故郷は香川だった。えっ？　北海道じゃなかったっけ？　確かにそうなのだが、私のひいおじいちゃんとひいおばあちゃんは四国から北海道の地に、明治の30年代に新天地を求めてやって来たそうなのだ。四国にいたときは知り合いではなかったが、北海道での開拓地が近く、それで結婚したという。だからだろうか。ほとんど北海道でも東京でも〝合田《ごうだ》〟という苗字の人には会うことはないが、香川に行くと〝合田さん〟が何しろ多いのだ。

そして香川に行くたびに、まるでひいじいさんの故郷を見つめるように、空海の誕生の地と言われる善通寺《ぜんつうじ》と、ここ金刀比羅宮《ことひら》には毎回詣でている。

いわゆる、♪こんぴら船々　追手に帆かけて　シュラシュシュシュ……の民謡「こんぴら船々」でなじみの、ここが金毘羅《こんぴら》さんの神社だ。

江戸時代、お伊勢参りと並んで庶民の憧れの参拝の地として人気があったこの場所には、かの森の石松までやってきたといわれている。

ここは古くから海上安全の神として全国的な信仰を集め、〝讃岐《さぬき》のこんぴらさん〟として愛された。しかし、江戸時代までは金光院松尾寺を別当寺とした神仏混淆《こんこう》の寺社で、〝金比羅大権現〟の社号でよばれていた。しかし明治5（1872）年の神仏混淆禁止に伴って〝琴平神社〟と改称。その後、金刀比羅宮、三転して事比羅宮になり、さらに明治22（1889）年、またもや金刀比羅宮におさまり、現在に至る。私の曾祖父たちが北海道にちょうど渡る時期だろうか？　きっと、もう見ることができないはずの故郷の景色を目に焼きつかせながら階段を上ったことだろう。

この宮がある山は、象の頭に似ているため、象頭山《ぞうずさん》とよばれる。神域は広大だ。駐車場に車を止めて階段を上り始める前に、まずは〝合田商店〟が見えてくる。親戚ではないが、昔は関係していたのかもしれない。同じ集落の出身かも。ここから象頭山中腹にある本宮まで785段の階段を上る。旧阿波町の鳥居から入れば、香川出身の俳人、合田《ごう》丁字《だちょうじ》路《ろう》の句碑も建っている。あまり同じ苗字の人に会ったことがないからか、何だかとてもうれしくなってくる。

そんなこともあるのか、ここは実にいつ来てもすがすがしくて、はじめて訪れたときからなんだかやけに懐かしくてウキウキする場所だった。一ノ坂鳥居をくぐり、大門をくぐれば五人百姓の店が出ている。さらに上る。右手には表書院があるが、そこを左折して階段を進む。汗がにじむ。ここでやってはいけないのが、疲れと先を急ぐあまりに参道途中にある祓戸社を通り過ぎてしまうこと。銅馬の次にあるのが祓戸社だ。さらにその横には火雷社《ほのいかづちしゃ》。ここも必ず詣でるようにしよう。

金刀比羅はその名のとおり、金龍神の氣を発散させるのだが、火の邪気を持ったまま上がりきると、火に弱いとされる金の力が発揮されなくなってしまう。だからこそ身を清めて火の邪神を清浄な神へと変えてから歩みを進めるのだ。

そこを上ると立派な旭社が見えてくる。ほとんどの人は、「ああ着いた！」と思ってしまうのだが、天と地に分かれたとき天界の高天原《たかまがはら》に出現した、日本最初の神々の三神、ミナカヌシ、タカミムスビ、カムムスビの神たちが祀られている場所だ。しっかりとここでは自分が生まれてきたこと、ここに来られたことへの感謝を捧げよう。そのパワーは実に神々しく、疲れを一度に吹き飛ばしてくれる。御手水も忘れないように。

そこで拝んでまっすぐ右手へ歩くと最後の本宮への階段だ。立派な本殿が出迎えてくれる。達成感がみなぎるのは、ここまで自分で上がってきた自信と安心感の表れでもあるが、ここのまばゆい神氣がまるで拍手でもしてくれているかのようだからだ。

ここのご祭神はオオモノヌシ。オオクニヌシの和魂だけの部分である。国を作ってきたオオクニの野望というよりは、安心感ややすらぎ、ねぎらいのパワーを受け取ることができる。同時に一生懸命努力していながらも報われないと思っている人、また周囲から〝ちょっと違うんじゃない？〟と思われているような人たち、また自分の考えは間違っていないはずだと思っているのに、いつも的外れな人たちには、その間違いを正してくれる、素直にさせてくれる浮かびを伝授してくれる。またうまくいかないことを自分を省みずに他人のせいにするくせのある人は、魂を磨かなくてはならないことを教えてくれる。

その横のオオモノヌシの妻神であるミホツ姫社、さらにその2社の間を通る南渡殿の下をくぐって本宮裏手の睦魂神社を詣でたあと、もしも時間と体力に余裕があれば、ここから奥社までさらに583段の石段を上ってみるといい。私はいつも本殿止まりだったが、前回はじめて奥宮まで参った。本殿の後ろへと回り、特透垣に沿って西へ進み、前方に現れる鳥居をくぐると、道は奥宮へと向かう。その道は樹木が生い茂った静かな山道。そのエナジーを体中に受けながら前進するのだ。海抜421メートル、表参道からの石段は全部で1368段ある。ここの祭神はオオクニではなく、金刀比羅本教教祖の厳魂彦命《いづたまひこのみこと》。

太宰府天満宮《だざいふてんまんぐう》(福岡県)

福岡県太宰府市宰府4-7-1
092-922-8225

学問の神様として知られる菅原道真《すがわらのみちざね》の墓所の上に社殿が建てられた神社。天神さまこと道真を祀った神社は、全国1万2千社余もある。その総本山だ。いつお参りに行っても人であふれ返っている人気の場所である。

道真は幼少期から学問に才能を発揮し、学者として文人として、さらに政治家として活躍した。だが政略によって京都から九州、ここ大宰府(当時の行政機関・役所の名前が〝大宰府〟、現都市名や神社名は〝太宰府〟)へと流され、汚名を着せられたままその生涯を終えた。亡骸《なきがら》を埋葬する際、牛車に乗せるが牛が突然動かなくなった。そこがこの地で、延喜

5（905）年、霊廟《れいびょう》が建立されたのがはじまり。ここの境内に銅牛や石牛などの像が数多く奉納されているのはそのせいである。神牛の頭を撫でると知恵が授かるという。

中世の鳥居をくぐると朱色の橋が見えてくる。ここは心字池。そこに太鼓橋、平橋、太鼓橋の三橋が架かっているが、これは過去、現在、未来を表す。

ひとつめの太鼓橋は、渡るそれぞれの人の過去を表しているのである。今まで歩いてきた道への思いがそこにはたくさん詰まっているのだ。年齢にかかわらず、人が今の時点まで歩いてきたものを表す。それを自分自身で思い起こし、見つめ直す橋なのだ。

そして平橋。ここは今、現在である。今が平坦な道という意味合いではない。現在の状態に置かれている自分を心底から見つめる、今自分は何をすべきかをしっかりと教えてくれる橋だ。

そしてさらに太鼓橋で未来を見据える。今の自分の考え方、生き方によってこれからあとの人生が変わってくる。ここを渡るとき、疲れや苦しみを感じる場合がある。反対に大らかで楽々と感じる場合もある。それを決めるのは今の自分なのである。苦しさを感じたらもっとより努力を、大らかさを感じたら今の状態にあぐらをかかず、信じて邁進《まいしん》すべきなのである。橋でパワーをいただいてから、御手水で清め楼門をくぐって本殿へと進むのである。

本殿に向かって右手に立派な梅の木がある。これは道真を慕って京都から一晩で飛んできたとされる神木、俗に言う〝飛梅《とびうめ》〟だ。

ここの前に立つとすっと心の迷いが失せてゆく。写真で自分と一緒に撮らせていただいて持っていると、今目の前にある問題だけではなく、遠く遥かな現在の自分には想像できない何かが起こったときにも力を与えてくれる。

宗像《むなかた》大社《辺津宮《へつぐう》》（福岡県）

（辺津宮《へつぐう》）福岡県宗像市田島２３３１
０９４０・６２・１３１１

宗像大社は、３カ所に分かれる。祭神の三女神が生まれた理由は『古事記』によるものだが、スサノオが高天原から追放される、天岩戸にアマテラスが隠れるなどすべてがここに集約されてくる。次の本では、そんな今風に神話を読みながら「神話でひも解くパワスポの旅」とでもしてみたいほどに、神話は興味深い。

いずれにせよ、『古事記』ではアマテラスがスサノオが持っていた剣を細かく嚙《か》み砕き吐き出した息の霧の中から生まれたのがこの三女神、多紀理毘売命《たきりびめのみこと》（タキリ姫）、市寸島《いちきしま》比売命《ひめのみこと》（イチキシマ姫）、多岐都比売命《たきつひめのみこと》（タキツ姫）だという。スサノオの剣から生まれたので、アマテラスはそれをスサノオの子とみなしたのだ。それぞれ、タキリ姫は「胸形《むなかた》の沖津宮」に、タキツ姫は中津宮に、イチキシマ姫を辺津《へつ》宮に祀るとある。

沖津宮は福岡県宗像市から60キロほど離れた玄界灘に浮かぶ小さな島、沖ノ島の社で中津宮は10キロほど沖の筑前大島に鎮座している。辺津宮は九州本土にある。3つの宮はほぼ一直線上に位置しているが、『日本書紀』では沖津宮（沖ノ島）のほうにイチキシマ姫が、中津宮（大島）にはタキリ姫が祀られているとされる。

私は友人にここを教えられ、はじめて訪れてから5カ月後、また近くで仕事があり再び詣でることになった。そのときは本土の神　《こうのみなと》港から一日8便出ている船で25分ほど、中津宮がある大島へも足をのばした。

中津宮の神社は、落ち着いた風格と清らかなパワーがうごめく。けれどここは決して男神ではない、女の神が祀られているという氣に充ちているのだ。女性だからといって、それは決して弱々しいパワーではない。だからといってただりりしいというのでもない。剛健な中に女性独特のつつましさや、やさしさが随所に感じられるのだ。島は元来、いつも風や雨にさらされるという空間にある。それは自分本来の心をさらすことができる場所ともされる。

つまり、現時点で自分が一番やらなくてはいけないことを知らせてくれるのだ。

特に女性の場合は、女性ならではの思考、女性ならではの行動で、それら今やるべき事柄を上手に進ませることができるようになる。男性の場合は、女性的な思考を加えることによって事が進むことが多い。女性的思考とは、たとえば、恋でも仕事仲間でも、異性同性にかかわらず、もうひと言優しい言葉をかけたり、やさしさ、スマートさを表現することでスムーズに事が運ぶようになるということだ。そんな浮かびを伝えてくれるのだ。この社務所では、沖津宮遥拝所のご朱印もいただける。

おすすめスポットが、ここの奥宮の御岳神社と沖津宮の遥拝所なのだ。船から降りて島に一台のタクシーに乗って遥拝所へと向かう。人々は遥か遠くに鎮座する沖津宮をここから願ったのだ。そこを拝したとき、遥か沖ノ島を望んで拍手を打った瞬間に、サーッとすがすがしい何かが飛んでくる氣を感じた。もし沖津宮を目の当たりにしたら、どんなものなのかと思わずにはいられなくなる。

沖ノ島の沖津宮にはまだ上陸したことはない。沖ノ島は島全体がご神体とされ、今なお女人禁制のルールが敷かれているのだ。いやいや、男性の上陸も基本的には許されない、神秘の禁足地なのである。

普段は十日交替で神職が常勤しているが年に一度、5月27日だけは沖津宮現地大祭に際し神職以外の男性も、山の中腹にある沖津宮参拝を許される。しかしそれも毎年選ばれた200人ほどのみだ。

これは明治38（1905）年の日露戦争、日本海海戦において日本連合艦隊がバルチック艦隊に勝利したことを記念した祭りなのである。連合艦隊司令長官、東郷平八郎《とうごうへいはちろう》を祭神とした東郷神社は東京渋谷の東郷邸跡に建ち、この神社も勝負の神、勝利の神として受験や勝負ごとの恩恵を受けるパワー大の場所で、若者が集う東京原宿の竹下通りに面している。

私の下の娘はここの敷地内にある東郷幼稚園に通っていた。だから彼女は、考えてみれば小さい頃から毎日拝し、境内が遊び場だった。小学校に入ったときには神楽殿で〝浦安の舞〟を奉納したこともあった。今まで何も考えていなかったが、代々木に居を移したその頃から、神の導きがあったのだろうか？　とも思えてくる。

そんな縁もあり、ぜひ拝してみたい沖津宮だが、出土するものがみな国宝級という〝海の正倉院《しょうそういん》〟とよばれるほどだから、そのパワーは想像を絶する。

しかしながら本土の宗像大社辺津宮もまたすごい。特に本殿を拝んだ後、少し外れた階段を上ってゆくと見えてくる高宮祭場は別物の雰囲気を持つ。ここに宗像大神たちが降臨したといわれているのだ。そこには神籬《ひもろぎ》が置かれ、神祭りの原点を見るかのような神秘性が残されている。ここが友人に教えられ、はじめてショックに近いものを受けた場所なのである。

あなたも自分自身を見つめてもらいたい。宗像は、はじめ胸形と記されていたとおり、胸の内側を表すのだ。すなわち自分の思いや気持ちである。

本当の自分というものがちょっと分からなくなったとき、「何やってるんだろう、私」などと思ったときに参拝すると、自分を復活させてくれるパワーがここにはある。

宇佐《うさ》神宮（大分県）

大分県宇佐市大字南宇佐2859
0978-37-0001

ここは国造りに励んだ応神天皇の神霊、誉田別尊《ほんだわけのみこと》とよばれる八幡《はちまん》大神を祀る。八幡さまとして親しまれているこの神を祀る神社は、全国で約4万社。宇佐神宮はその総本宮であり、豊前《ぶぜん》国の一宮である。ここの起源は応神天皇が欽明《きんめい》天皇32（571）年に宇佐の地に現れて大陸の文化や産業を輸入して国を大きくしていったことに由来して、現在地に社殿を建てたものである。

しかし出雲大社と、出雲の地であったと思われる彌彦《いやひこ》神社の二カ所にしか見られない二礼四拍手の作法が、ここ宇佐には受け継がれている。それはそのあとになって、天皇が祀られたということであって、それ以前は出雲系がここを治めていたとでも？

原生林に囲まれたここの建築物は、社殿から向かって左から一之御殿、二之御殿、そして三之御殿へと連なる変則的な造りで八幡造りという独特なもの。一之御殿には八幡大神が祀られる。応神天皇の神霊である。応神天皇は三之御殿に祀られる神功《じんぐう》皇后が神がかりして産んだ神の子とされ、その御代に近畿から西日本一帯を、大和朝廷がことごとく平定した。つまり、ここには思っていることが叶う、大きな広がりを持つ力を与えられるという神氣が漂うのである。迷いや他人のさまたげを除いてくれる力だ。

ところで二之御殿に祀られているのが比売《ひめ》大神である。この神は八幡さまよりも古い地主神だったという。ここが四拍手に関係するのだろうか？　それより、まず単純に一之御殿が向かって左で、なぜ地元神を祀る二之御殿が中心、真ん中に鎮座されているのだろうか？　天皇よりも真ん中にくる地元神となれば、相当な力でなくてはならない。

一応、出雲は距離的に考えて無関係だとしよう。そうなればこんな説はどうか？

私はここを訪れたあとから、この比売大神こそがあの卑弥呼《ひみこ》なのではないかという考えがちらつくのである。そう論じている学者もいるし、この神社が建つ山こそが卑弥呼の墓、御陵だという考え方もあるらしい。宇佐神宮の上宮社殿がある小椋山（小倉山、菱形山、亀山）は、御許《おもと》山の北麓にありながら独立した小丘陵なのだ。

さらに調べると宇佐が邪馬台《やまたい》国であるとする説もあることを知ったが、実際にこの御許山に建つ奥宮を訪ねて確信した。宇佐神宮の境内からは、奥山の遥拝所があるが、できれば車に乗って奥宮を訪ねてほしいのだ。ここはその比売大神を祀る御許《おもと》山にある大元神《おおもと》社。まさに比売こそが大本《おおもと》、源だという意味ではないか。

この神域に入って少しずつ鳥居に近づくと、恐怖に近い何か目に見えないパワーを感じたのだ。時期的には後に訪れることになる伊勢の天岩戸の風穴を訪ねたときにもこれに似たものを感じた。神社にたどり着いたとき、ただものではない何かに揺り動かされた。

この比売大神が卑弥呼ではないのか、さらにいえば、それが〝日の御子〟アマテラスの大神なのではないのか？　とも、自然に頭の中に浮かんできたのだった。

まさに〝神人一体〟の意識を感じさせていただいた。同行した、白峰宮で神様が体を通り抜けたというマネージャーもまたその氣を受けて、「うわあすごい、ここ」とただ唖然《あぜん》としていたが、もう一人同行していたマネージャーは、その氣に戸惑いを感じたのか車中から出なかった。いや、正確にいえば出られなかったのだ。

ここでは前へ進むことの難しさや大切さ、信じることの大切さ、新しいものとの出会いや思いもかけない人生の道といった思いが次から次へと浮かんでくる。

天岩戸《あまのいわと》神社（宮崎県）

宮崎県西臼杵郡高千穂町天岩戸1073-1
0982-74-8239

アマテラスは天岩戸に身を隠したため、世の中が真っ暗闇になってしまった。どうやって明るさを取り戻そうか？　そこで八百万の神たちが一堂に天《あま》の安河原《やすかわら》に集まり相談し始めたのである。

天岩戸は、先に圧倒的パワーを持っていると話した伊勢の恵利原《えりはら》でも登場したが、〝ここそが天岩戸〟と伝わっているのは、私が知る限り全国に11カ所もある。そんな中、最も全国的に知られているのが、宮崎県高千穂町にある天岩戸神社ということになるだろう。近くには岩戸川という渓流が流れ、その川を挟んで東西にふたつの社殿がある。

観光客でいつも大にぎわいなのが西本宮。しかし西側には本殿はなく、あるのは拝殿だけ。その拝殿の後ろ側に天岩戸がご神体として控えている。しかし、拝殿からはその姿を見ることはできない。いや、社務所に申し込みをすることで、それを目の当たりにすることができるのである。

社務所にお願いすると、神職が〝天岩戸伝説〟を話してくれながら、その姿を拝しに連れて行ってくれるわけだ。お祓いをして拝殿の右側にある鍵のかかった戸を開け、中に案内される。ここから川岸の中腹にある岩戸を遥拝することができるのだ。祭神は大日孁《おおひるめの》命《みこと》という。アマテラスの別称だ。

何度か私もその岩戸を見せていただいているが、ここでは自然と頭《こうべ》を垂れてしまう。もちろん写真撮影はできないから、行くたびごとにしっかりと自分の目にその姿を焼きつけている。先日伺ったときは、神職が「数年前の大雨と洪水で崩れてしまいました。洞窟は神域の禁足地ですので、私たちも足を踏み入れたことはございません」と話してくれた。

一方、東本宮はその川向こうの天岩戸がある右手側に位置することになる。鬱蒼と樹木が生い茂り、それを見ることは叶わないが、橋を渡ると渓谷の東側にあるケヤキの参道からまっすぐのびる100段ほどの石段を上った杉林の中に東本宮が建つ。

どういうわけか、足を運ぶ人が少ないのだが、私にとって観光客でごった返す西本宮に比べ数段の氣の強さを発揮していると思われるのが東本宮なのだ。

昭和45（1970）年に合併するまで西本宮は天磐戸《あまのいわと》神社だったが、東本宮は氏神社とされていた。しかしながらその歴史を見ると、西本宮は神社というより、むしろ天岩戸を拝むための遥拝所としての性格が強かったようで、信仰の中心はむしろ東本宮だったと考えられるのだ。

実はこちら、天岩戸から出てきたアマテラスが、その後に居を構えたとされる場所と伝わるのである。本宮裏手には杉の根本から湧き出るご神水があるが、拝したあとでその水をすくって飲むなり、具合の悪い所につけたりすると、健康になるとされる。神域のため、水場から左に数メートルで進入禁止の札が立つが、ここから数百メートルで先ほど目にした天岩戸があるのかと思うだけで、感謝の念が浮かぶ。

まず東本宮でお参りをしたあと、観光客であふれる西本宮へ出向き、拝殿から遥拝させていただく順序を取りたい。さらに西宮を抜け、川沿いに北へ10分ほど歩くと、八百万の神々が集まって相談したという天の安河原がある。ここも断然おすすめの場所である。

途中に架かる橋から氣を受け、さらに歩くと仰慕窟《ぎようぼがいわや》という幅30メートルほどの大きな洞窟が、まるで大きく口を開けたように広がっている。その神秘的オーラに思わず声を上げてしまう、まるで異界への入口というべき世界観。今まで体験したことのない何か、言葉では言い表せない何かなのだ。

太陽が燦々《さんさん》と降り注ぐ日中であっても、そこに漂う薄暗さがパワーの存在を色濃くさせ

仰慕窟（ぎょうぼがいわや）の大きさとパワーに圧倒される

る。まずはその洞窟の中の鳥居をくぐり、思金神《おもいかねのかみ》を主神とする天安河原宮《あめのやすかわらぐう》を参ろう。あまりのパワーに鳥居をくぐるときの一揖《いちゆう》を忘れがちになるので注意したい。河原から洞窟の中まで一面に所狭しと小石が積まれているが、願を掛けながら石を積むと、さらに思いが叶うとされる。異界との通路、暗闇から明るい世界へ、それはこれから始まる未来へのスタートなのである。つまりこれは自らの誕生であり再起でもあり、ひいては日本の誕生と再生だ。再びアマテラスが復活する、そんな新たな出発地点に違いないのだ。新しい自分を応援してもらいたいとき、高千穂に行こう。

おわりに　上色見熊野座神社《かみしきみくまのいます》にて

未だおよばれされていないのに、どうしても気になるのが熊野の神々である。世界遺産の地、熊野さんをあえて今回は記していない、いや記せないのだが、きっと近々その機会に恵まれるはずだと思っている。

熊野さんに行っていない！　そう強く感じたのは、あの霧島神宮に詣でたあとの宮崎のコンサートを終えた翌日、〝高天原・日の宮〟、元伊勢ともよばれる熊本阿蘇の幣立《へいだて》神社から肥後一宮の阿蘇《あそ》神社へ向かう途中のことだった。

車を運転していたピアニストの周平が、突然ナビを指さして「ああ、ここに神社がある」と叫んだ。別に神社のマークなどは他にもいっぱいあるし、特に予定に入っていなかった。まるで決められていたように、誘われるように車を左折した。道路沿いに鳥居の姿は確認したが、なぜか左折すると坂道になった。階段が続くのだろう。途中で車を止めておそらくここが参道の階段だろうというところを見てみると、鳥居が下に見えた。上を見ても階段が続き、本宮の姿は見えない。

「ああよかったね。これ、階段上ってたら飛行機間に合わなかったかな？」と言いながら、そのままた車で急な坂道を上ると忽然と社が見えてきた。5時もすぎていたから社務所にはもう人はいない。ひょっとするといつも無人なのかもしれない。

あとで調べるとここの神社の石段は280段あり、その参道横には100もの灯籠があるという。この神社の名前は、上色見熊野座神社。

熊野? 拝殿の奥には本殿がひっそりと立つ。そこで拝し、横に立っていた古くなった神社の由来書に目を通す。それによれば創設は相当古く、紀州熊野より遷《うつ》したものという。天正年間(1573〜92)の兵火により前の社は廃し、今ここに建てられているのは享保7(1722)年に建立されたもの。ご祭神はイザナギとイザナミ、石君大将軍。里俗 穿戸権現とある。〝うげとごんげん〟と読むらしい。どうも、ここ阿蘇の大明神の荒神である石君大将軍の兜の中に出現した二神こそが熊野の大神で、烏の導きによってここに熊野穿戸社を崇めたということのようだ。社紋はナギの葉。ナギといえば熊野三山(那智大社、速玉大社、本宮大社)における熊野権現のご神木である。その葉に魔除けの力があると信じられたことから、昔から熊野詣での帰りに持ち帰る人が多く、帰りの道中を守護してくれるお守りとしても用いられていた木である。

ナギの言霊は〝凪〟。波や風を鎮めるという意味だが、同時に心も鎮まるということになる。実に心鎮まる氣がそこらじゅうに漂っていたことだけは感じていた。

ちょっと坂を上り、拝殿奥からのぞいていた本殿の前まで上がり、まさにその名のとおりの熊野パワーにふれていた、そのときだ。周平が「あれは何？　何の光？」とさらに上を指をさした。本宮の上は木が生い茂り、その上が山の頂上のようなのだが、そこから神々しい光がこちらを照らしているではないか。

「登りたい」という言葉にあと押しされて、１００メートルほどの急な坂を上がる。傾斜は30度ほどどか？　途中からはロープが垂れ下がっているので、それにつかまって懸命に上がった。途中からはよく分からない、その光の主にちょっと恐怖感までわいてくる。「わ〜すごい」とふたりでまた声を発してしまう。「もうこれ以上行かなくてもいいよね」。

あの霧島古宮跡の鳥居をくぐりたいのに、足が止まったときに似ている感覚だ。それでもそのまま頑張って上がりきると、やっと岩に穴が開いていて、そこから太陽の光がこちらを照らしていたのが分かった。

それは縦横10メートル以上の大きな大きな風穴だったのだ。まさに神の領域、人を近づかせない、拒むようなその力。ここはどんな困難な目標であっても必ず達成させることのできる象徴として、知る人ぞ知る、世人にはまだ汚されることがない強力なパワースポットだったのである。

全く予定外、それもナビでたまたま見つけた神社。これはやはり、〝よばれた〟というしかない。「これを見ろ！　これが神の力だ！」といわんばかりの迫力なのだ。そしてそのとき、ふと「ああ、熊野山を詣でたいな」と思ったのだ。

これは穿戸岩《ぼけといわ》（ぼけといわ）といわれ、石君大将軍こと健磐竜命《たけいわたつのみこと》（タケイワタツ）の従者である鬼八法師が蹴破ったといわれる大風穴だという伝説が残る。この神秘の力をいただき、そのあと私たちは阿蘇神社へ拝し、東京へと戻ったのだ。

驚いたことに、そのタケイワタツを主祭神とするのが、阿蘇神社だったのだ。阿蘇神社は昨年から3度、私は近くまで仕事に訪れながら、なぜかいつも時間が足りず、行きたくても行けなかった場所だった。行きたいのに行けない神社は確かにある。しかし近くにいるのに、それも3度までもなぜか行けない、という場所はここだけだったのだ。

しかも実は周平のご朱印帖の1ページ目の神社こそがここだったのである。ここでご朱印の話をきき、それを私に伝えたのだ。阿蘇神社は彼にとってもぴったり1年ぶりなのだ。

このパワースポットの旅を始めるきっかけを作った場所へ、まるでお礼参りのように今、戻ってきている。もしかして歩いてゆく道は、決められているのかもしれないと思えてくる。それなら、今この本を読んでいるあなたも、決められて読み、決められて神社へ参ろうとしているのかもしれない。

まだまだ知らないことがあるのだ、未知の世界があるのだと気づかせてくれたこの一年。パワースポットの旅は始まったばかりなのだ。今度会うときには、また違った角度で一緒にパワースポットをあなたと旅したいと思っている。

合田道人

2013年8月

参考文献

●井上順孝『すぐわかる　日本の神社』東京美術　●鎌田東二『すぐわかる　日本の神々』東京美術　●塙保己一『群書類従〈第1輯〉神祇部』俗群書類従完成会　●『聖なる神社―神話と神社の謎を解く』晋遊社　●戸部民夫『日本神話』新紀元社　●戸部民夫『「日本の神様」がよくわかる本』PHP文庫　●戸部民夫『八百万の神々』新紀元社　●造事務所『開運！　パワースポット「神社」へ行こう』PHP文庫　●櫻井勝之進『伊勢神宮』学生社　●武澤秀一『伊勢神宮と天皇の謎』文春新書　●千家尊統『出雲大社』学生社　●辰宮太一『出雲大社』JTBパブリッシング　●『富士山を語る』静岡新聞社　●林豊『古事記・日本書紀を歩く』JTBパブリッシング　●『高千穂の神社』高千穂町観光協会　●林雄介『政治と宗教のしくみがよくわかる本』マガジンランド　●梅原猛『葬られた王朝　古代出雲の謎を解く』新潮社　●高木彬光『邪馬台国の秘密』光文社　●荒俣宏＋米田勝安『よみがえるカリスマ　平田篤胤』論創社●『聖地へ、おでかけ。―全国パワースポット完全ガイド』枻出版社　●『パワースポット　神社』VOICE●柿坂神酒之祐『天河』扶桑社　●『靖国と日本人の心』産経新聞社　ほか

またお伺いさせていただいた神社の御由緒・市町村＆観光協会の
パンフレットなども参考にさせていただきました
お話を伺いました神社の神職の皆々様
ありがとうございます

一〇〇字書評

切り取り線

購買動機（新聞、雑誌名を記入するか、あるいは○をつけてください）

- □ （　　　　　　　　　　）の広告を見て
- □ （　　　　　　　　　　）の書評を見て
- □ 知人のすすめで
- □ タイトルに惹かれて
- □ カバーがよかったから
- □ 内容が面白そうだから
- □ 好きな作家だから
- □ 好きな分野の本だから

●最近、最も感銘を受けた作品名をお書きください

●あなたのお好きな作家名をお書きください

●その他、ご要望がありましたらお書きください

住所	〒				
氏名		職業		年齢	
新刊情報等のパソコンメール配信を 希望する・しない	Eメール	※携帯には配信できません			

あなたにお願い

この本の感想を、編集部までお寄せいただけたらありがたく存じます。今後の企画の参考にさせていただきます。Eメールでも結構です。

いただいた「一〇〇字書評」は、新聞・雑誌等に紹介させていただくことがあります。その場合はお礼として特製図書カードを差し上げます。

前ページの原稿用紙に書評をお書きの上、切り取り、左記までお送り下さい。宛先の住所は不要です。

なお、ご記入いただいたお名前、ご住所等は、書評紹介の事前了解、謝礼のお届けのためだけに利用し、そのほかの目的のために利用することはありません。

〒一〇一-八七〇一
祥伝社黄金文庫編集長　萩原貞臣
☎〇三（三二六五）二〇八四
ohgon@shodensha.co.jp

祥伝社ホームページの「ブックレビュー」からも、書けるようになりました。
http://www.shodensha.co.jp/bookreview/

祥伝社黄金文庫

全然《ぜんぜん》、知《し》らずにお参《まい》りしてた 神社《じんじゃ》の謎《なぞ》

平成25年 9 月5日　初版第 1 刷発行
平成30年12月15日　　　第14刷発行

著　者　合田道人《ごうだみちと》
発行者　辻 浩明
発行所　祥伝社《しょうでんしゃ》
〒101－8701
東京都千代田区神田神保町3－3
電話　03（3265）2084（編集部）
電話　03（3265）2081（販売部）
電話　03（3265）3622（業務部）
http://www.shodensha.co.jp/

印刷所　堀内印刷
製本所　ナショナル製本

Printed in Japan　©2013, Michito Goda　ISBN978-4-396-31618-1 C0195